Sylvia Ziegler
Wendepunkt Frauenhaus?

Aktuelle Frauenforschung
Band 39

Wendepunkt Frauenhaus?

Zur Situation ehemaliger Frauenhausbewohnerinnen

Am Beispiel des Lörracher Frauenhauses

Sylvia Ziegler

Centaurus Verlag & Media UG 1998

Die Autorin, Jahrgang 1958, absolvierte ein Studium an der evangelischen Fachhochschule für Soziale Arbeit in Freiburg/Brsg. Derzeit ist sie als Sozialarbeiterin tätig.

Die Deutsche Bibliothek – CIP-Einheitsaufnahme

Ziegler, Sylvia:
Wendepunkt Frauenhaus? : Zur Situation ehemaliger Frauenhaus-
bewohnerinnen : Am Beispiel des Lörracher Frauenhauses / Sylvia Ziegler. –
Pfaffenweiler : Centaurus-Verl.-Ges., 1998.
   (Aktuelle Frauenforschung ; Bd. 39)
ISBN 978-3-8255-0064-1   ISBN 978-3-86226-882-5 (eBook)
DOI 10.1007/978-3-86226-882-5

ISSN 0934-554X

Satz: Vorlage der Autorin

„Das alte Lied: Nicht die Untat, ihre Ankündigung macht die Menschen blaß, auch wütend, ich kenn es von mir selbst. Und daß wir lieber den bestrafen, der die Tat benennt, als den, der sie begeht".

Christa Wolf: Kassandra

Inhalt

Vorwort

Bei einem Gespräch über die Frauenhausarbeit fiel von einer Studentin folgende Äußerung:

„Ach, die meisten Frauen gehen ja sowieso wieder zurück zu ihrem Mann, was bringt es also?"

Durch meinen Ärger über die Unwissenheit und die negative Einschätzung der Frauenhäuser, entstand bei mir die Idee über die Situation ehemaliger Frauenhausbewohnerinnen zu schreiben.

Tatsache ist, daß etwa die Hälfte der Frauen zum Mißhandler zurückkehrt. Was dann geschieht, ob es zu weiteren Mißhandlungen und erneuten Frauenhausaufenthalten kommt oder ob sich für die Frauen trotzdem etwas verändert hat, das sind Fragen, die mich beschäftigten. Aber auch die Situation der Frauen, die sich nach dem Frauenhaus endgültig vom Mißhandler trennten, interessierte mich. Dabei tauchte die Frage auf, ob die Unterstützung, die das Frauenhaus den Frauen während und nach dem Frauenhausaufenthalt bietet, ausreichten oder ob möglicherweise das Angebot erweitert werden müßte.

Zudem verspürte ich im Rahmen der Jubiläumsfeier 1995 zum 11-jährigen Bestehen des Lörracher Frauenhauses den Wunsch, die Entwicklung des Lörracher Frauenhauses bis zum heutigen Stand zu reflektieren und den Stellenwert, den das Frauenhaus für die betroffenen Frauen hat, zu erfahren. Da ich selbst viele Jahre Mitgliedsfrau des Vereins „Frauen helfen Frauen" war, hatte die Frauenbewegung und ihre daraus entstandenen Projekte immer eine persönliche Bedeutung für mich. Aus meinem sozialarbeiterischen Verständnis heraus, schien es mir besonders wichtig und interessant, die betroffenen Frauen zu Wort kommen zu lassen, um ein feedback über die bisherige Frauenhausarbeit zu erhalten und eventuell Impulse für Ergänzungen zu bekommen.

Einleitung

Meine Arbeit besteht zum einen Teil aus Literaturrecherchen zum anderen aus eigenen Untersuchungen. Bei den Kapiteln 1-5 handelt es sich überwiegend um die Erforschung der zum Thema vorhandenen Literatur, eigene Erfahrungen aus der Vereinsarbeit und dem Praktikum im Frauenhaus fließen manchmal mit ein. Kapitel 1-3 schaffen die Grundlage für das Thema „Situation ehemaliger Frauenhausbewohnerinnen am Beispiel Lörrach" und führen es ein. Die theoretische Grundlage für meine Untersuchung führe ich in Kapitel 4-5 aus. Die Kapitel 6-8 umfassen die eigene Untersuchung zur Situation der ehemaligen Frauenhausbewohnerinnen des Lörracher Frauenhauses. Im folgenden will ich kurz die einzelnen Kapitel und ihre Absicht erläutern.

Kapitel 1 „*Geschichte der Frauenhäuser*" soll einen kurzen Überblick über die historische Entwicklung der Frauenhausbewegung geben, um die heutige Situation von Frauen aus ihrem historischen Zusammenhang her verständlich zu machen. Anschließend möchte ich die Entwicklung der autonomen Frauenbewegung als Grundlage der autonomen Frauenhäuser beschreiben. Da in dieser Bewegung die Ursprünge für die Frauenhäuser insgesamt zu sehen ist und sich auch das Lörracher Frauenhaus zu den autonomen Frauenhäusern zählt, verfasse ich die gesamte Arbeit aus der feministischen Perspektive und versuche später anhand meiner eigenen Untersuchungen die feministischen Thesen zum Thema 'Gewalt gegen Frauen`, die ich in diesem Kapitel erläutere, teilweise zu überprüfen. Die Frauen- und Kinderschutzhäuser, die später als die autonomen Frauenhäuser entstanden und nichts mit der autonomen Frauenbewegung zu tun haben, werde ich deshalb nur kurz mit ihren auffälligsten Unterscheidungsmerkmalen aufzeigen.

In Kapitel 2 „*Das Frauenhaus Lörrach*" stelle ich das Lörracher Frauenhaus, seine Entstehung, seine institutionellen Rahmenbedingungen und seine Konzeption dar. Lediglich die Darstellung der nachgehenden Beratung im Frauenhaus Lörrach findet sich unter Kapitel 5.

Mit dem Kapitel 3 „*Frauen und Mißhandlung*" zeige ich zunächst die Situation der Frauen in der Gewaltbeziehung und damit die verschieden Ebenen und Ausdrucksformen der Gewalt in der Partnerschaft auf. Dabei scheint es mir notwendig, die Voraussetzungen für die Gewaltbeziehung und auch die Folgen der Mißhandlung für die Frauen zu erörtern, um ihre spätere Situation im Frauenhaus und danach verständlicher und nachvollziehbarer zu machen. Es ist mir dabei durchaus bewußt, daß auch die Kinder von der Gewaltbeziehung betroffen sind und unter den Folgen leiden, jedoch kann ich an dieser Stelle nicht auf die spezielle Situation der Kinder eingehen, da die Beschäftigung mit dieser umfangreichen Thematik eine eigene Arbeit ausfüllen würde. Im zweiten Teil dieses Kapitels versuche ich darzustellen, wie die Frauen schließlich zu der Entscheidung kommen, das Frauenhaus aufzusuchen und welche unterschiedlichen Bedeutungen der Frauenhausaufenthalt für die Frauen hat.

Im Kapitel 4 „*Schwierigkeiten ehemaliger Frauenhausbewohnerinnen*" trage ich die wichtigsten Merkmale, die ich in der Literatur zum Thema finden konnte, zusammen, um die Situation der ehemaligen Frauenhausbewohnerinnen transparent zu machen. Meine Ausführungen betreffen sowohl die Frauen, die zum Mißhandler zurückgehen als auch die Frauen, die sich vom Mißhandler trennen.

In Kapitel 5 *"Die Arbeit der nachgehenden Beratung"* stelle ich die verschiedenen organsiatorischen Formen der nachgehenden Beratung, die es in Deutschland gibt, und ihre inhaltlichen Schwerpunkte der Arbeit zusammen und erläutere ihre jeweiligen Vorzüge und Nachteile. Dabei beziehe ich mich in der Hauptsache auf die aktuellste Literatur von Brandau u.a., die vorausgehende Erkenntnisse in ihre Arbeit mit einbezog und durch eigene Forschungen aktualisierte. Anschließend stelle ich die Arbeit der nachgehenden Beratung des Frauenhaus Lörrach vor, wobei ich mich überwiegend auf das Interview beziehe, das ich zu diesem Thema mit einer Frauenhausmitarbeiterin geführt habe.

Die Untersuchungsgrundlage lege ich im Kapitel 6 „*Die Untersuchungsmethoden*" dar. Neben dem Ziel der gesamten Untersuchung werden an dieser Stelle die beiden Erhebungsinstrumente erläutert. Dabei handelt es sich einmal um eine Fragebogenerhebung, bei der möglichst viele ehemalige Frauenhausbewohnerinnen des Frauenhaus Lörrach miteinbezogen werden sollen, zum anderen um qualitative Interviews mit von mir ausgewählten Frauen.

Im Kapitel 7 „*Auswertungen der Befragungen*" beschäftige ich mich eingehend mit den Ergebnissen der Untersuchung. Hierzu gliedere ich die Ergebnisse des Fragebogens in drei Abschnitte nach den Fragen zu demographischen Daten, zum Erleben der Zeit im Frauenhaus und zur weitergehenden Unterstützung. Die Interpretation und Diskussion der Ergebnisse folgt jeweils der Darstellung der Ergebnisse eines Abschnittes und wird ergänzt durch die Auswertung der Interviews zum jeweiligen Themenbereich. Besondere Aufmerksamkeit auf die Situation der Frauen, die nach dem Frauenhaus zum Mann zurückkehren, lege ich in einem gesonderten Abschnitt.

Schlußfolgerungen, die sich aus der Auswertung der Untersuchung für das Frauenhaus, aber auch für die gesellschaftspolitische Ebene ergeben, stelle ich im Kapitel 8 unter *„Schlußfolgerungen"* zusammen.

1. Geschichte der Frauenhäuser

1. 1. Die Frauenbewegung

1.1.1. Historische (erste) Frauenbewegung

Die Wurzeln der ersten Frauenbewegung in Deutschland reichen bis zur Märzrevolution 1848 zurück. Im Rahmen allgemeiner politischer Menschenrechtsforderungen nach Freiheit und Befreiung forderten auch die Frauen ihre Teilnahme am gesellschaftlichen Leben. Während die Ansprüche auf Schulbildung und Erwerbsmöglichkeiten 1848 noch mit politischem Nachdruck gefordert wurden, überwogen nach der politischen Repression 1850 eher bürgerlich - liberale Positionen. Die erstrebenswerte politische Rolle der Frau, begründet in ihrer Unterschiedlichkeit zum Mann, sollte ein notwendiges Korrektiv zur männlichen Einseitigkeit darstellen, indem ihre „natürliche weibliche Bestimmung" als Mutter, Hausfrau und Erzieherin von der häuslichen Umgebung auf die Gesellschaft ausgedehnt werden sollte. Damit sollte auf dem Prinzip der geistigen Mütterlichkeit ein Berufsfeld für Frauen erschlossen werden, das sich ausschließlich auf sozial - karitatives Engagement und Armenfürsorge bezog. Als Ausdruck dieser Bestrebungen eröffnete Alice Salomon 1908 die Soziale Frauenschule. Ziel war also eine soziale Arbeitsteilung von Frauen und Männern entsprechend ihren „natürlichen" Fähigkeiten.

Anfangs legte die bürgerliche Frauenbewegung aus ihrem sozialen Engagement heraus Wert darauf, die schlechte Lage der Arbeiterinnen als billige Arbeitskräfte aufzuzeigen und ihre gewerkschaftlichen Zusammenschlüsse zu unterstützen. Diese ursprüngliche Hilfe zur Selbsthilfe wandelte sich jedoch Ende des 19.Jahrhunderts zu dem Versuch, die bürgerlichen Werte auf die Arbeiterinnen zu übertragen[1], zeitgleich mit einer zunehmenden Institutionalisierung der Sozialarbeit.

Charakteristisch für die erste Frauenbewegung war ihre überwiegend praktische Arbeit, deren Schwerpunkt auch in der Organisation lag. Der Bund Deutscher Frauenvereine (BDF) hatte seit seiner Gründung 1894 bis 1920 eine Mitgliederstärke von ca. 920000 in 3778 Vereinen erreicht.[2] Neben den gemäßigteren von allen angestrebten Zielen nach verbesserten Ausbildungs- und Erwerbsmöglichkeiten sowie der Einführung des Wahlrechts für Frauen, ohne die Rolle der Frau als Hausfrau und Mutter in Frage zu stellen, forderten schon damals

---

1 vgl. Frevert 1986. 134
2 vgl. Cordes 1995. 99

einzelne Vereine radikalere Veränderungen wie rechtliche Gleichstellung nicht-
ehelicher Kinder, Mittel zur Empfängnisverhütung und Legalisierung des
Schwangerschaftsabbruchs.[3]

Zahlenmäßig weniger stark, aber radikaler zeigte sich die proletarische Frauenbewegung, die 1890 aus der sozialistischen Arbeiterbewegung hervorging. So
proklamierte Clara Zetkin als Führerin der proletarischen Frauenbewegung, daß
eine Gleichstellung von Mann und Frau erst möglich sei, wenn die Frau ihre
ökonomische Abhängigkeit vom Mann überwunden habe. Die dazu nötige Voraussetzung sei die außerhäusliche Erwerbstätigkeit der Frau. Diese Ziele wurden
in Zusammenhang mit marxistischen Überzeugungen verfolgt und führten
schließlich 1896 zu einer Spaltung der bürgerlichen und der proletarischen Frauenbewegung. Nur

> „in der Forderung nach dem Stimmrecht für Frauen trafen sich die bürger-
> liche und die proletarische Frauenbewegung" (Krechel 1978. 58).

Viele durch die erste Frauenbewegung erreichte Verbesserungen für Frauen
wurden 1933 wieder aufgehoben, was auch das Ende der Frauenbewegung bedeutete. Nach 1945 hat der Deutsche Frauenrat an die Ansätze der bürgerlichen
Frauenbewegung angeknüpft, ohne die traditionelle Rolle der Frau in Frage zu-
stellen.

1.1.2. Neue (zweite) Frauenbewegung

Einen Grundstein für die Neue Frauenbewegung bildete der 1968 in Westberlin
gegründete Aktionsrat zur Befreiung der Frauen. Dieser Zusammenschluß ging
aus der antiautoritären Studentenbewegung, überwiegend dem Sozialistischen
Deutschen Studentenbund(SDS), hervor, denn nach kritischen Auseinandersetzungen mit linker Gesellschaftskritik, wurde den Frauen allzu deutlich, daß
darin die gesellschaftliche und ökonomische Position der Frauen kaum enthalten
war. Anfang der 70er Jahre weitete sich die Frauenbewegung auf die gesamte
Bundesrepublik aus und verließ mit dem Abflauen der Studentenbewegung stu-
dentisches Milieu. Aus den öffentlichkeitswirksamen Kampagnen zur
„Streichung des §218" manifestierte sich in der Öffentlichkeit ein Bewußtsein
für die Existenz der Neuen Frauenbewegung, die nach und nach Tabuthemen
aufgriff, die sich gegen das Selbstbestimmungsrecht der Frauen über ihren eige-

---

3 vgl. Sommerhoff 1995. 21

nen Körper richteten: Vergewaltigung, Pornographie, Gewalt in der Familie, Inzest. Zum ersten mal in der Geschichte der deutschen Frauenbewegung wurden die traditionellen Geschlechterrollen radikal hinterfragt. Um sich von männlicher Bevormundung zu befreien, gründeten Frauen in verschiedenen Städten Frauenzentren, deren innere Struktur sich durch Autonomie bzw. Eigenverantwortlichkeit und Unabhängigkeit der einzelnen Frauengruppen auszeichnete. Unter dem Kampfbegriff „Feminismus" aus der amerikanischen Frauenbewegung, suchten sie aus einer neuen gesellschaftlichen Perspektive nach neuen Lebensformen ohne Fremdbestimmung durch das Patriarchat und analysierten die Auswirkungen des Sexismus auf das gesellschaftliche wie auch auf das private Leben von Frauen.

> „Wir hatten aufgehört, unsere Schwierigkeiten, unsere Ängste und Verluste als unsere ganz persönlichen Schwierigkeiten, Ängste und Verluste zu betrachten. Wir wollten sie mit anderen besprechen. Wir hatten uns für eine Frauengruppe entschieden, weil wir ahnten, daß unsere Schwierigkeiten mit unserem Geschlecht zu tun hatten - nicht mit unserer Anatomie, sondern mit unserer Rolle in der Gesellschaft" (Kerchel 1978. 7).

Die Erkenntnis, daß Persönliches und Gesellschaftliches untrennbar voneinander sind, führte unter den Frauen zu der Parole „Frauen gemeinsam sind stark" und unterstrich ein Gefühl der Gleichheit und Gemeinsamkeit gegen die patriarchalische Außenwelt. Aus den Selbsterfahrungsgruppen erwuchs

> „die Idee der Selbsthilfe zur politischen Strategie der autonomen Frauenbewegung"(Ingrid Schmidt-Harzbach in: Arbeitskreis Autonomer Frauenprojekte 1992. 133).

Als praktische Umsetzung dieser Idee entstanden autonome Frauenräume in Form von Projekten in den verschiedensten Bereichen, wie Frauenverlage, Frauenbuchläden, Frauengesundheitszentren, Frauenberatungsstellen, Frauenhäuser u.v.a.. In größeren Städten bildete sich eine feministische Subkultur, was allmählich in der feministischen Bewegung zu inhaltlichen Differenzierungsprozessen führte, wobei sich die lesbischen Frauen als die konsequentesten begriffen in der Abgrenzung gegen die männliche Vorherrschaft.

Mit der praktischen Umsetzung von feministischen Vorstellungen entwickelte sich auch eine feministische Theoriebildung. Erste autonome Frauenseminare an den Universitäten leiteten eine weitergehende feministische Wissenschaft und Frauenforschung ein.

Durch die Entstehung der Ökologie- und Friedensbewegung Anfang der 80er Jahre, bei der die Frauenbewegung eine zentrale Rolle spielte, erweiterten sich die Themenschwerpunkte der Feministinnen. Bedeuteten die autonomen Frauenprojekte in der Anfangszeit eine Provokation oder zumindest eine Irritation des öffentlichen Bewußtseins, haben sie sich in der Zwischenzeit zum großen Teil institutionalisiert und etabliert, was allerdings ihre politische Brisanz reduzierte. Diese Entwicklung führte möglicherweise zu Krisen in den Frauenprojekten, die sich zunehmend mit ihren internen Strukturen, Konflikten und Ansprüchen auseinandersetzen müssen, um zu einem neuen Selbstverständnis des kritischen Feminismus zu gelangen.[4] Das bedeutet, daß nicht mehr nur das Gemeinsame unter Frauen im Vordergrund steht, sondern daß

> „Gleichheit und Differenz zueinander in einem dialektischen Verhältnis stehen und daß eine Bewußtmachung der tatsächlich existierenden Hierarchie unter Frauen Emanzipationsprozesse erst ermöglicht" (Ingrid Schmidt-Harzbach in: Arbeitskreis Autonomer Frauenprojekte, 1992. 142).

1.2. Die Frauenhäuser

1.2.1. Die autonomen Frauenhäuser
1.2.1.1. Entstehung

Das erste Frauenhaus entstand 1971 in Chiswick/ London und hatte sich aus einem von Erin Pizzey organisierten Frauentreffpunkt entwickelt, den immer mehr Frauen als Zuflucht vor ihren gewalttätigen Partnern aufsuchten. Somit war das Haus weder konzeptionell noch finanziell geplant und abgesichert, sondern bewies eine angemessene und tatkräftige Reaktion auf die offensichtliche Notwendigkeit zur Schaffung eines Schutzraums für mißhandelte Frauen. Das erschreckende Ausmaß der Gewalt gegen Frauen in der Ehe wurde damit zum ersten mal sichtbar und konnte nicht mehr geleugnet werden. Bald wurden in ganz England und später in weiteren Ländern Westeuropas, in Amerika und in Australien Frauenhäuser eröffnet.

Auch für die Frauenbewegung in Deutschland hatte das Londoner Frauenhaus eine Signalwirkung und ermutigte als erstes die Feministinnen in Berlin 1976 zur Eröffnung des ersten Berliner Frauenhauses. Nun gründeten sich auf dem gesamten Bundesgebiet - zuerst in den Großstädten, später auch in ländlichen

---

4 vgl. Dörthe Jung in: Arbeitskreis Autonomer Frauenprojekte 1992

Gebieten - Frauenhausinitiativen und forderten öffentliche Gelder und Bereitstellung von Wohnräumen zur Eröffnung weiterer Frauenhäuser, denn die ständige Überbelegung der schon vorhandenen Häuser zeigte die Dringlichkeit solcher Zufluchtseinrichtungen für mißhandelte Frauen auf und machte die Notwendigkeit eines flächendeckenden Netzes von Frauenhäusern deutlich. Heute nach 20 Jahren gibt es über 120 autonome Frauenhäuser im gesamten Bundesgebiet, wovon die meisten von einem Verein - Frauen helfen Frauen e.V., Frauenhaus e.V. - getragen werden. Die Vereine haben sich zu Landesarbeitsgemeinschaften (LAG) zusammengeschlossen und betreiben die Zentrale Informationsstelle für autonome Frauenhäuser (ZIF) als Koordinationsstelle zum gegenseitigen Informationsaustausch und der gegenseitigen politischen Unterstützung. Jedoch hat die Mehrzahl der autonomen Frauenhäuser immer noch keine gesicherte Finanzierung. Weil die autonome Frauenbewegung davon ausgeht, daß Gewalt gegen Frauen kein individuelles, sondern ein gesamtgesellschaftlich bedingtes Problem ist, fordert sie zwar öffentliche Gelder, aber nicht in Form von Einzelfallfinanzierungen über das BSHG, sondern möglichst über einen festen Haushaltstitel im Etat der Länder oder Kommunen zur Projektfinanzierung. Da Frauen in einer patriarchalischen Gesellschaft strukturell benachteiligt sind, sollen sie nicht auch noch finanziell 'bestraft' werden, wenn sie sich aus einer gewalttätigen Beziehung befreien. Die bundeseinheitliche Finanzierung der Frauenhäuser auf gesetzlicher Grundlage wurde bis jetzt nicht realisiert. Nach langjährigen Auseinandersetzungen haben sich verschiedene Frauenhäuser dagegen ausgesprochen, weil sie eher Nachteile für ihr Haus befürchten, dadurch, daß sich eine einheitliche Finanzierung an den finanziell schlechter gestellten Frauenhäusern orientieren würde, was möglicherweise zum Verlust des festen Haushaltstitels führen (z.B. Berlin, Hamburg) oder durch Vergaberichtlinien die politischen Grundsätze der Frauenhäuser gefährden könnte. Überwiegend tragen sich die Frauenhäuser über eine Mischfinanzierung aus Zuwendungen von Ländern, Gemeinden und Landkreisen, häufig unter Einbeziehung des BSHG in Form von Tagessätzen und Eigenmittel (Spenden, Mitgliedsbeiträge).[5]

---

5 vgl. Dokumentation des BMFJ 1992

1.2.1.2. Zum Gewaltbegriff

Nach Einschätzung verschiedener Frauenforscherinnen läßt sich kein unparteilicher objektiver Mißhandlungsbegriff aus der Sicht eines neutralen Beobachters geben,

> „denn es gibt keinen unbeteiligten Dritten, solange das Gewaltverhältnis fortbesteht"(Hagemann-White in: Sirowy 1991. 4).

Dementsprechend ist Gewalt von Männern gegenüber Frauen Ausdruck eines grundlegenden Machtverhältnisses zwischen den Geschlechtern, was als wesentliches Strukturmerkmal unserer Gesellschaft einzuschätzen ist. Das Gewaltverhältnis existiert überall dort, wo Frauen benachteiligt werden und findet in der körperlichen und seelischen Mißhandlung einen sichtbaren Ausdruck.[6] Andere konkrete Ausdrucksformen der Gewalt zeigen sich in der Belästigung von Frauen am Arbeitsplatz, auf der Straße und durch die permanente Möglichkeit einer Vergewaltigung. Prinzipiell sind alle Lebensbereiche von Frauen mit Gewalt unterschiedlicher Ausprägungen durchdrungen, müssen jedoch in drei verschiedene Ebenen, die sich gegenseitig beeinflussen, differenziert werden. Der gesellschaftlich-historische Hintergrund, die konkreten Lebensverhältnisse und persönlichkeitsspezifische Merkmale bieten ein komplexes Gefüge von unterschiedlichen Bedingungen, die zu Mißhandlungen führen können. Die strukturelle Gewalt gegen Frauen, die sich aus der patriarchalischen Struktur unserer Gesellschaft ergibt, zeigt sich sowohl in der geschlechtshierarchischen Arbeitsteilung, in der weiblichen Sozialisation und der damit verbundenen weiblichen Rollenstereotype als auch in juristischer Benachteiligung durch rechtsfreie Räume in der Ehe oder einer diskriminierenden Auslegung der Gesetze, z.B. bei Vergewaltigungsprozessen. Diese allgemeingültigen frauenverachtenden Normen werden nicht als Gewalt gegen Frauen erkannt, sondern sind gesellschaftliche Konzeptionen, die Frauen und Männer internalisieren. Die gleichen Eigenschaften werden bei Männern und Frauen unterschiedlich bewertet, so wird etwa eine Frau, die ihre Wut äußert, für aggressiv und egozentrisch gehalten, während dieses Verhalten bei einem Mann ein Zeichen von Durchsetzungsfähigkeit ist. Auch wird Männliches eher überschätzt und Weibliches eher für minderwertig gehalten.

Ehe und Familie stehen nach Artikel 6 GG unter dem besonderen gesellschaftlichen Schutz, womit die Wahrung der Privatheit und die Nichteinmischung öffentlich-rechtlicher Instanzen gemeint ist. In der Privatheit der Bezie-

---

6 vgl. Sirowy 1991. 5

hungen wird Männergewalt geduldet und, wenn sie doch in die Öffentlichkeit dringt, höchstens als individuelles Beziehungsproblem oder Familienstreitigkeiten abgetan. Schließlich hat die Familie eine existentielle Bedeutung für die Aufrechterhaltung der patriarchalischen Gesellschaftsordnung und ist

> „eine soziale Konstruktion, die die Hilflosigkeit und Ausweglosigkeit mißhandelter Frauen produziert. In diesem Sinne ist der Ehevertrag ein Vertrag zwischen drei Parteien: der Frau, dem Mann und dem Staat, weil der Staat die Ungleichstellung der Frau legitimiert." (Brückner 1983. 22).

Wie anders läßt es sich sonst erklären, daß eine Strafanzeige wegen körperlicher Verletzung nach § 223 StGB, wenn sie von mißhandelten Frauen gestellt wird, aus Mangel an öffentlichem Interesse von der Staatsanwaltschaft in den meisten Fällen eingestellt wird? Laut StGB wird jede körperliche Verletzung unter Strafe gestellt.

1.2.1.3. Ziele

Autonome Frauenhäuser haben den Anspruch neben der praktischen Hilfeleistung für die Zuflucht suchenden Frauen und ihre Kinder in einem gleichwertigen Verhältnis Öffentlichkeitsarbeit zu betreiben.

Grundlage für alle weitere Arbeit ist es, den mißhandelten Frauen und ihren Kindern einen Schutzraum vor physischer und psychischer Bedrohung, Gewalt und Verfolgung zu bieten.

> „Frauenhäuser sind Frauenorte, zu denen Männer keinen Zutritt haben - das unterscheidet sie von anderen Zufluchtsstätten. Der männliche Machtbereich hat durch die Einrichtung von Frauenhäusern eine Begrenzung erfahren, was ablehnende Reaktionen hervorruft - sowohl von mißhandelnden Männern als auch von Politikern. Diese Reaktionen[7] sind als Widerstand gegen die Entmachtung von Männern und die Ermächtigung von Frauen zu interpretieren"(Egger u.a. 1995. 41).

Die Konzeption des Zusammenlebens im Frauenhaus, die von allen Bewohnerinnen Verantwortung für die Räumlichkeiten und die zeitlich begrenzte Wohngemeinschaft erwartet, enthält das Ziel, Begegnung, Auseinandersetzung, aber auch Konfrontation mit anderen Frauen zu ermöglichen. Durch das alltägliche

---

7 Als Reaktion wird heute die Vereinnahmung des Gewaltbegriffs ´Gewalt gegen Frauen` in das öffentliche Vokabular gesehen, was ohne das Bewußtmachen der gesellschaftlichen Zusammenhänge zu einer Verwischung und Aufweichung der feministischen Position dient (vgl. Sirowy 1991. 11).

Zusammenleben soll über die Erfahrung mit den anderen Frauen das Andere, Fremde jeder einzelnen Frau aber auch das Gemeinsame, Verbindende in der weiblichen Sozialisation entdeckt werden können.

„In der bewußten Integration dieser Alltagssphäre in die Frauenhausarbeit wird angestrebt, Elemente von Fremdheit und Vertrauen, von Alltäglichem und Außergewöhnlichem, von Privatem und Öffentlichem zu einem neuen Ganzen zu verschmelzen und ein Abbild sozialer Wirklichkeit zu schaffen"(Hanetseder, 1992. 68).

Überwiegend leistet das Frauenhaus Krisenintervention für die mißhandelten Frauen. Sie bekommen Hilfestellung, mit dem Ziel

„die unmittelbaren Wirkungen der zerstörerischen und stressbewirkenden Ereignisse aufzuheben und die psychischen Kräfte und sozialen Fähigkeiten der Betroffenen zu stärken, so daß eine Bewältigung der Situation möglich wird"(Hanetseder,1992. 69).

Die Hilfe zur Selbsthilfe als ein emanzipatorischer Auftrag soll die Frauen dazu befähigen, über das Vertrauen in ihre eigenen Kompetenzen ihre Probleme auch längerfristig selbst zu lösen. Gleichzeitig kann ein Bewußtwerdungsprozeß eingeleitet werden, der eine neue Einsicht in Gründe und Zusammenhänge der Mißhandlungsbeziehung ermöglicht. Die Anforderungen, die damit an Bewohnerinnen und Mitarbeiterinnen gestellt werden, sind sehr hoch und erfordern eine differenzierte Analyse der spezifischen Situation jeder einzelnen Frau und eine damit verbundene gemeinsame Erarbeitung kurzfristiger und langfristiger Ziele.

In der Entstehungszeit der autonomen Frauenhäuser hatte schon die Existenz eines Frauenhauses für die Öffentlichkeit der Umgebung einen politischen Stellenwert. Durch ausdauernde Öffentlichkeitsarbeit und permanente Finanzierungsforderungen wurde immerhin erreicht, daß Gewalt gegen Frauen nicht mehr verleugnet werden kann. Durch die zunehmende Institutionalisierung der Frauenhäuser besteht allerdings für die Frauenhausarbeit die Gefahr, daß sie zwar inzwischen größtenteils als notwendig und gut akzeptiert ist, gleichzeitig aber auch dazu benutzt wird die Gewalt zu verwalten.

„Sozialarbeit soll gerade nicht Lückenbüßerfunktion für gesellschaftliche Notstände übernehmen und über den besonderen Schutz der Familie die Unterdrückung der Frauen in der Privatsphäre dulden"(Steinert / Straub 1988. 51).

Die Not der Frau wird als Beziehungs- oder Familienproblem betrachtet, für das überwiegend die Frau verantwortlich gemacht wird, denn das öffentliche Rechtsbewußtsein hat sich noch nicht soweit gewandelt, daß es das Verhalten das Täters als kriminelles Verhalten mißbilligt.

Um also das Problem der Gewalt gegen Frauen nicht nur zu verwalten, sondern grundsätzlicher anzugehen, zielt die politische Arbeit der Frauenhäuser also darauf ab, das öffentliche Bewußtsein für die gesellschaftlichen Zusammenhänge der Gewalt im häuslichen Bereich zu sensibilisieren und eine Bewußtseinsveränderung zu bewirken. Es soll deutlich gemacht werden, daß strukturelle Gewalt gegen Frauen in Form des ungleichen Machtverhältnisses zwischen den Geschlechtern häusliche Gewalt erst möglich macht. Deshalb wird auf verschiedene Weise auf eine Veränderung der Gesellschaft hingearbeitet.

1.2.1.4. Feministische Arbeitsprinzipien

Die wichtigsten Grundsätze in der Frauenhausarbeit sind Anonymität, Ganzheitlichkeit, Betroffenheit und Parteilichkeit, wobei der übergreifende Begriff der „Autonomie" zuerst näher betrachtet werden muß.

1.2.1.4.1. Autonomie

Wenn auch das Verständnis des Autonomiegedankens unter den autonomen Frauenhäusern nicht in allen Punkten übereinstimmt, lassen sich doch einige Grundsätzlichkeiten damit verbinden. Autonomie nach außen bedeutet, möglichst unabhängig von Parteien, Kirchen, staatlichen Institutionen und anderen geldgebenden Stellen zu sein, denn Geldgaben bedeuten immer die Möglichkeit zur Kontrolle der finanzierten Einrichtung und einer damit verbundenen Einmischung in die inhaltliche Arbeit. Allerdings führen die unterschiedlichen Finanzierungsmodelle der einzelnen Frauenhäuser zu heftigen inhaltlichen Auseinandersetzungen über die Definition der Autonomie, da oftmals Kompromisse eingegangen werden müssen, um das Frauenhaus finanzieren zu können.

Autonomie nach innen impliziert das Selbstbestimmungsrecht jeder Frau im Haus, Mitarbeiterinnen und Bewohnerinnen. Frauen und Kinder können zu jeder Tages- und Nachtzeit aufgenommen werden und regeln ihren Alltag selbst. Das Frauenhaus hat keinen Heimcharakter. Männer haben keinen Zugang zum Haus und werden auch nicht beraten. [8] Es gibt keine Hierarchie, die Mitarbeiterinnen arbeiten im Team und alle Arbeiten im Frauenhaus werden gleichwertig betrachtet und behandelt.

1.2.1.4.2. Anonymität

Um den Schutz der Frauen zu gewährleisten, muß der Ort des Frauenhauses anonym bleiben. Die Adresse darf nicht weitergegeben werden. Frauen können das Frauenhaus nur telefonisch erreichen. Andererseits werden auch die Daten der Frauen vertraulich behandelt und nicht an Dritte weitergegeben, auch nicht an Behörden.

1.2.1.4.3. Ganzheitlichkeit

Entsprechend des feministischen Selbstverständnisses über die Entstehung von Gewalt gegen Frauen erfordert auch die Arbeit mit den betroffenen Frauen einen ganzheitlichen Ansatz, der die Sicht der Frau als ganze Person unter Einbeziehung ihres Umfeldes beinhaltet. Ganzheitliches Arbeiten bedeutet in der konkreten Alltagsarbeit, für alles zuständig zu sein von der Alltagsbegleitung der Bewohnerinnen, der Aufrechterhaltung des Hauses bis hin zur Finanzierung des eigenen Einkommens. Ein ganzheitliches Beratungskonzept ermöglicht einen verständnisvollen Umgang mit den mißhandelten Frauen und macht ihr Erdulden und Ausharren, aber auch ihre Ambivalenz und Rückkehrwünsche erklärbar. Andererseits könnte es eine Fokussierung auf zentrale schmerzhafte Lebensaspekte verhindern, was eine Entscheidungsfindung erschwert.

> „Ganzheitlichkeit birgt in Entscheidungs- und Umbruchsituationen die Gefahr in sich, Trennungsfähigkeiten und -notwendigkeiten zu wenig zu betonen. Der Blick auf das Ganze vermag unter Umständen den Blick auf unerträgliche Details zu entschärfen oder zuzudecken" (Brückner/ Holler 1990. 20).

1.2.1.4.3. Betroffenheit

In einer patriarchalischen Gesellschaft sind potentiell alle Frauen von Gewalt betroffen. Diese potentielle Betroffenheit von Gewalt begründete schon den Selbsthilfegedanken im Frauenhaus. Allerdings hat die Differenz zwischen mittelbarer und unmittelbarer Betroffenheit unter Mitarbeiterinnen und mißhandel-

---

8 Unter den autonomen Frauenhäusern herrscht soweit Übereinstimmung, daß Männerberatung nur von Männern geleistet werden kann, die als Repräsentanten der Männergesellschaft das geheime Bündnis mit der Gewalt aufgekündigt haben. Denn das falsche Bild, das der Täter von der Frau hat, muß in Frage gestellt werden und nicht, wie üblich, noch bestätigt werden.

ten Frauen oft zu Enttäuschungen geführt, da die Unterschiede zwischen den Frauen im Alltag sichtbar wurden. Die Frauenhausbewohnerinnen suchen überwiegend Schutz und Hilfe im Haus und sind nicht in einer anderen Form an der Beseitigung der Gewalt interessiert wie die Mitarbeiterinnen. Außerdem kann aus der Betroffenheit heraus ein Mangel an Distanz entstehen, der den Blick für die tatsächlichen Bedürfnisse der Bewohnerinnen verschleiert. Oft läßt sich ein Problem erst aus einem gewissen Abstand klar erkennen. Betroffenheit sollte sich auch nicht nur in Mitgefühl und Verständnis ausdrücken, sondern die Mitarbeiterin sollte ihre Fassungslosigkeit und ihren Ärger über die scheinbare Unterwerfungsbereitschaft der betroffenen Frau zeigen. Mit der geäußerten Empörung kann ein nützliches Potential an Wut entfacht werden, das für die Bewältigung der Mißhandlung nötig ist.[9] Allerdings nehmen die Frauenhausbewohnerinnen häufig zunächst die Wut und Handlungsvorschläge der Mitarbeiterinnen auf, um ihnen zu gefallen, ohne vorher die eigenen Bedürfnisse erkannt zu haben. Erkennen sie ihre Bedürfnisse, ziehen sie sich von den Mitarbeiterinnen zurück, um dem Druck der empfundenen Ansprüche ausweichen zu können. Übrig bleibt Enttäuschung bei den Mitarbeiterinnen über das Fehlen einer Veränderung bei den Bewohnerinnen.[10]

Aus dieser Erfahrung heraus haben viele Frauenhäuser den Selbsthilfegedanken relativiert und sich professionalisiert. Betroffenheit bedeutet immer noch für jede Mitarbeiterin, daß sie sich bewußt mit ihrer eigenen Lage als Frau im Kontext von Gewalt und anderen gesellschaftlich - patriarchalischen Strukturen auseinander gesetzt haben muß.

1.2.1.4.4. Parteilichkeit

Parteilichkeit heißt, daß die Interessen der Frauen an erster Stelle stehen und höher bewertet werden als die Interessen des Mannes und der Familie. In der patriarchalischen Gesellschaft ist diese Solidarität mit den Frauen notwendig, um ihnen das Recht auf Subjektsein wieder einzuräumen, was eine bewußte Auseinandersetzung mit der Sichtweise der betroffenen Frauen beinhaltet. Frauenhausmitarbeiterinnen sehen sich nicht als Expertinnen der Probleme der Frauen, sondern bieten ihnen an, in Beratungen selbst Lösungsmöglichkeiten zu finden. Über die Erfahrung, in ihren Empfindungen und Bedürfnissen Ernst genommen zu werden, können sie lernen, sich aus der Unterordnung zu befreien.

Im alltäglichen Umgang im Frauenhaus unterliegt die Parteilichkeit allerdings auch Einschränkungen, wenn es um Konflikte mit der Parteinahme für die Kin-

---

9 vgl. Burgard 1994. 81
10vgl. Steinert/ Straub 1988. 56

der geht. Parteilichkeit gerät auch in Konflikt mit anderen Projektzielen, wenn die Bewohnerinnen dem Frauenhausziel zuwiderlaufende Verhaltensweisen zeigen z. B. die Weitergabe der Frauenhausadresse an andere Personen oder Verabredungen mit Männern vor dem Frauenhaus.

„Parteilichkeit gegenüber Frauen angesichts patriarchalischer Machtstrukturen ist das eine, Auseinandersetzung zwischen Projektfrauen und Projektbenutzerinnen über soziale und politische Maximen, Wertvorstellungen und Verhaltensweisen das andere. Auch hier wäre es für beide Seiten und für einen frauenöffentlichen Diskurs wichtig, Klarheit über die eigenen Verfahrensweisen des Projekts in Konfliktkonstellationen offenzulegen, um mehr Handlungssicherheit zu schaffen"(Brückner/ Holler 1990. 29).

1.2.2. Frauen- und Kinderschutzhäuser

„Da das Problem der Frauenmißhandlung nicht länger verdrängt werden konnte, häufig aber staatliche oder religiöse Institutionen nicht die grundlegende feministische Analyse und die damit verbundenen Folgerungen anerkennen wollten, entschlossen sie sich zur Schaffung eigener Häuser" (Hanetseder 1992.47).

Diese Frauen- und Kinderschutzhäuser - von den autonomen Frauenhäusern auch Gegenhäuser bezeichnet - haben sich 1981 zur Arbeitsgemeinschaft Deutscher Frauen- und Kinderschutzhäuser zusammengeschlossen mit dem Ziel verstärkt Öffentlichkeitsarbeit zum Thema 'Gewalt gegen Frauen' zu betreiben. Nach ihrer Position kann eine Fortentwicklung der Gesellschaft nur zusammen mit Männern verwirklicht werden, was in der konkreten Arbeit vieler Frauenhäuser bedeutet, daß sie auch Männerberatung anbieten. Der Zugang zu dieser Zielgruppe scheint jedoch schwierig und übersteigt die Arbeitskapazitäten der Frauenhäuser. Die Stabilisierung der Familie gehört ebenso zu weiteren Grundsätzen wie die Zusammenarbeit mit Vertretern von Staat und Gesellschaft. Damit stehen die Frauen- und Kinderschutzhäuser in Einklang mit den Leitlinien staatlicher Familien- und Sozialpolitik und haben deshalb auch nicht die gleichen Finanzierungsprobleme wie autonome Frauenhäuser.

Im Bereich der alltäglichen praktischen Arbeit im Frauenhaus hat es inzwischen eine Annäherung an die Vorstellungen der autonomen Frauenhäuser gegeben. An erster Stelle steht der Schutz der Frauen und Kinder und inzwischen auch der Ansatz 'Hilfe zur Selbsthilfe`. Jedoch hat immer ein hierarchisches Verhältnis zwischen Expertinnen und Bewohnerinnen bestanden, Parteilichkeit und Betroffenheit waren keine Themen. Im Vordergrund steht weniger die Förderung der Selbstverantwortung als vielmehr die Definition der mißhandelten Frauen als besondere Randgruppe, die einer besonderen sozialarbeiterischen Hilfe bedarf.

Entscheidend für die konkrete Arbeit mit den betroffenen Frauen im Frauenhaus bleibt aber trotz aller Grundsätze, das persönliche Frauenbild der jeweiligen Mitarbeiterinnen. Dagegen verkörpern die Wohlfahrtsverbände als überwiegende Träger der Frauen- und Kinderschutzhäuser in ihrer Gesamtstruktur wiederum die gewohnte patriarchalische Hierarchie. Hanetseder sieht die Gefahr dieser „Gegenhäuser" darin, daß

> „der basale Beitrag, den die gesellschaftliche Diskriminierung von Frauen an der Entstehung und Fortsetzung von Gewalt leistet, einmal mehr nicht erkannt wird. Aus einer reformistischen Haltung heraus wird Gewalt wiederum zum stigmatisierten Einzelfall, der zwar bedauert wird, der letztlich jedoch durch die Ausgrenzung aus dem kollektiven Bewußtsein fortzubestehen vermag"(Hanetseder 1992. 47).

2. Das Frauenhaus Lörrach

2.1. Institutionelle Rahmenbedingungen
2.1.1. Entstehung

Die Frauenbewegung hatte Ende der 70er Jahre auch Lörrach, den südwestlichsten Punkt der Bundesrepublik, erreicht. Anfangs existierten im Kommunikationszentrum, dem Treffpunkt der links-alternativen Szene zwei Frauengruppen, die sich für die Abschaffung des § 218 einsetzten und sich gleichzeitig Wissen über Möglichkeiten zum Schwangerschaftsabbruch, Verhütungsmethoden und anderen, rechtlich relevanten Fragen für Frauen aneigneten. Die beiden Frauengruppen schlossen sich 1980 zum Verein 'Frauen helfen Frauen e.V.` zusammen mit dem Ziel, ihre erarbeiteten Informationen an andere Frauen weiterzugeben. Dazu wurde eine Informationsstelle eröffnet, die zweimal wöchentlich von jeweils zwei Vereinsfrauen besetzt war. Dieser ehrenamtlichen Tätigkeit lag die Idee der 'Hilfe zur Selbsthilfe` zugrunde, ausgehend von eigenen Erfahrungen und Betroffenheit. Schon bald wurde die Informationsstelle für Frauen, immer mehr von Frauen aufgesucht, die sich in einer aktuellen Notsituation befanden und Zuflucht vor ihren gewalttätigen Männern suchten. Private Unterkünfte bei Vereinsfrauen, Unterbringung im Frauenhaus Basel oder in Pensionen zeigten sich bald als nicht angemessene Lösungen, denn die Frauen und Kinder brauchten außer einem Zufluchtsort auch Lebenshilfe, Beistand und Zuwendung. Die Notwendigkeit eines Frauenhauses in Lörrach war offensichtlich geworden. Es dauerte fast fünf Jahre bis sich Stadt und Kreis von der Notwendigkeit eines Frauenhauses in Lörrach überzeugen ließen und die Stadt dem Verein Anfang 1985 endlich Büroräume vermietete, die durch direkte Arbeitsleistung und mit Verwendung von Vereinsgeldern so umgebaut wurden, daß sie als Wohnräume genutzt werden konnten. Am 1.April wurde das Frauenhaus eröffnet, am 16.April war es bereits voll belegt. Es zeigte sich demnach sehr schnell, daß die 90qm Wohnfläche nicht ausreichte und schon bald Frauen und Kinder wegen Überbelegung nicht mehr aufgenommen werden konnten. Erst vier Jahre später hatte der Verein Frauen helfen Frauen Erfolg:

„'Traum` vom Frauenhaus jetzt Wirklichkeit" (Badische Zeitung in: 10 Jahre Frauen helfen Frauen 1990. 32)

2.1.2. Räumliche Ausstattung

Das Haus bietet insgesamt zwölf Plätze für Frauen und ihre Kinder. Als Gemeinschaftsräume stehen zwei Küchen, zwei Bäder, ein Wohnzimmer und ein Kinderzimmer zur Verfügung. Die Schlafzimmer müssen oft mit anderen Bewohnerinnen und ihren Kindern geteilt werden. Für die Mitarbeiterinnen gibt es einen Büroraum und ein Beratungszimmer. Das Haus ist von einem großen Garten umgeben.

2.1.3. Zielgruppe

Das Frauenhaus ist Zufluchtsort und Schutzraum für psychisch und physisch mißhandelte Frauen und deren Kinder. Jungs werden bis zum vollendeten 13.Lebensjahr aufgenommen. Nicht aufgenommen werden Obdachlose, Drogenabhängige. psychisch Kranke, Medikamenten- und Alkoholabhängige. Ausnahmen sind jedoch möglich. Das Frauenhaus kann diesen Frauen den für sie notwendigen stabilen Rahmen und die erforderliche spezielle Betreuung nicht bieten.

2.1.4. Personelle Besetzung

Angefangen hat es mit einer 100%-Stelle, die über eine AB-Maßnahme finanziert wurde, was sich bald als Überforderung für eine einzige Arbeitskraft herausstellte. Deshalb wird heute im Frauenhaus nur noch im Team gearbeitet, welches aus vier 50%-Stellen für sozialpädagogische Fachkräfte besteht. Zusätzlich steht für Frauen ein Praktikumsplatz zur Verfügung. Kassenführung und Buchhaltung werden von einer Bürofrau auf Honorarbasis erledigt. Während der Bürozeiten von 9.00 - 12.00 und 14.00 -17.00 Uhr muß immer mindestens eine Teamfrau anwesend sein. Da das Frauenhaus rund um die Uhr telefonisch erreichbar ist, muß der Telefonnotdienst während der Woche von den Mitarbeiterinnen, am Wochenende von Vereinsfrauen abgedeckt werden. Auch wenn dieser von Bewohnerinnen übernommen werden kann, muß immer ein Hintergrunddienst erreichbar sein, falls es zu unvorhergesehenen Problemen kommt.

2.1.5. Finanzierung
2.1.5.1. Sachkosten

Die Sachkosten errechnen sich aus Miete, Büromaterial, Anschaffungen, Spiel- und Bastelmaterial usw. Die Kosten werden über das BSHG oder über einen Eigenanteil der Bewohnerinnen finanziert. In Zusammenarbeit mit dem zuständigen Sozialamt wird der Sachkostentagessatz errechnet. Der Gesamtbetrag wird auf die Zahl der Übernachtungen umgelegt. Dabei wird von einer 80%igen Belegung ausgegangen, was bei einer Kapazität von zwölf Plätzen 3540 Übernachtungen im Jahr entspricht. Problematisch an dieser Finanzierung ist, daß die Einnahmen für die Sachkosten belegungsabhängig sind. Bei einer Belegung von weniger als 80% wird ein Defizit erwirtschaftet. Der Tagessatz für die Sachkosten liegt etwa bei 18DM.

2.1.5.2. Personalkosten

Die anfallenden Personalkosten eines Jahres werden durch die Zahl der tatsächlichen Übernachtungen geteilt. Daraus errechnet sich der Tagessatz für die Betreuungskosten. Es gibt keine pauschale Finanzierung der Personalkosten. Da nach dem BSHG nur ein individueller Rechtsanspruch besteht, kann nur der Personalkostenanteil der anspruchsberechtigten Frauen mit dem Sozialamt abgerechnet werden. Der Verein erhält vierteljährlich einen Personalkostenvorschuß, der am Jahresende mit den tatsächlichen Kostensätzen für die Betreuungsarbeit verrechnet wird. Die Beträge der nichtanspruchsberechtigten Frauen müssen dem Sozialhilfeträger zurückerstattet werden. Daraus entstandene Defizite in der Personalkostenfinanzierung konnten bisher über freiwillige Zuschüsse von Gemeinden, Bußgeldern und Spenden abgedeckt werden. Mit dem Kreissozialamt mußten immer wieder zähe Diskussionen geführt werden, um einen akzeptablen Konsens zu erreichen, der dem Grundsatz der Autonomie nicht völlig widerspricht. Dazu zählt insbesondere die Finanzierung über den §72 BSHG. Eine Einstufung unter diesen Paragraphen würde eine Entmündigung und Diskriminierung der Frauen im Frauenhaus bedeuten. Über den Anspruch auf „Hilfe zum Lebensunterhalt" wegen individueller Bedürftigkeit (§11 BSHG), die jedem Bürger zusteht, können die Tagessätze als Mietkosten übernommen werden. Schwierigkeiten treten aber dann auf, wenn Frauen in einem Haus außerhalb ihres Heimatortes Schutz suchen, denn manche Gemeinden weigern sich, die Sozialhilfekosten für mißhandelte Frauen zu übernehmen. Bei einem Wechsel aus Sicherheitsgründen in ein anderes Frauenhaus muß also immer erst die Kostenübernahme abgeklärt werden.

2.1.5.3. Sozialhilfeempfängerinnen

Für Frauen, die Anspruch auf Sozialhilfe haben, werden Sach- und Personalkostenanteil vom Sozialamt übernommen, gemäß der vereinbarten Tagessätze. Da die Sozialhilfe eine individuelle, nachrangige Leistung ist, wird den Frauen der Einsatz von Einkommen und Vermögen zugemutet. Aufgrund der schwierigen Wohnraumsituation müssen Frauen und ihre Kinder oft Wochen oder Monate im Frauenhaus bleiben, was dazu führt, daß sie die finanzielle Last für ihre Flucht selbst tragen müssen, was einer Bestrafung für die Befreiung aus der Gewaltbeziehung gleichkommt.

2.1.5.4. Selbstzahlerinnen

Frauen, die berufstätig sind oder ausreichende Unterhaltszahlungen bekommen, könnten bei einem längeren Frauenhausaufenthalt die hohen Kosten nicht aufbringen, ohne sich an das Sozialamt zu wenden. Deshalb wurde für Selbstzahlerinnen ein Tagessatz zwischen 16 DM und 20 DM und für ein Kind von 8 DM festgelegt. Dieser Tagessatz beinhaltet nur den Sachkostenanteil und einen geringen Anteil an den Personalkosten. Um die Gleichstellung mit einer Sozialhilfeempfängerin zu gewähren, werden die Tagessätze individuell nach dem Einkommen gestaffelt. Ein hoher Anteil an Selbstzahlerinnen bedeutet für das Frauenhaus ein hohes finanzielles Defizit, das anderweitig abgedeckt werden muß. Deshalb und aus den o. g. Gründen ist das Frauenhaus weiterhin bestrebt, eine Projektfinanzierung über laufende Zuschüsse von Stadt und Gemeinden zu erreichen, um die Prinzipien der Autonomie möglichst weitgehend zu wahren.

2.2. Pädagogisches Konzept
2.2.1. Arbeitsprinzipien der Mitarbeiterinnen

„Die Mitarbeiterinnen sind sich bewußt über die unterdrückte Lebenssituation der Frauen in unserer Gesellschaft. Ihre Lebenslage ist Auswirkung/Ausdruck der geschlechtsspezifischen Rollenverteilung in unserer Gesellschaft mit unterschiedlichen Macht- und Freiheitsbefugnissen von Mann und Frau und keineswegs nur individuelles Versagen" (Frauenhaus Lörrach: Konzeption 1991. 5).

Daraus resultiert das Arbeitsprinzip der bewußten *Parteilichkeit*, d.h. es wird ausschließlich mit Frauen gearbeitet und keine Beratung für Mißhandler angeboten. Im Vordergrund der Arbeit steht das *Selbstbestimmungsrecht* der Frauen und nicht die Familienzusammenführung. *Anonymität* ist Voraussetzung für die Arbeit, da nur durch Geheimhaltung Schutz und Sicherheit gewährt werden kann. Ein weiteres wichtiges Arbeitsprinzip ist der *Übergangscharakter*. Die Frauen sollen im Haus Schutz und Hilfe erfahren, um ihre Lebenssituation zu überdenken und neu zu organisieren. Sobald die Krise überstanden ist, besteht keine Notwendigkeit mehr, im Frauenhaus zu verweilen. Da sich die Aufenthaltsdauer der einzelnen Frauen nach ihrer individuellen Situation richtet, herrscht meist eine rege Fluktuation der Bewohnerinnen, was mit viel Unruhe, Lärm, Unordnung und Hektik im Frauenhaus verbunden ist.

Die Frauenhausmitarbeiterinnen arbeiten im Team. Um ihre eigene Werthaltung zu reflektieren, finden Teamsitzungen, Teamsupervisionen und Besprechungen mit den Vereinsfrauen statt.

2.2.2. Arbeit mit den Frauen

Die Arbeit mit den Frauen beruht auf dem Grundsatz "Hilfe zur Selbsthilfe". Das Frauenhaus versteht sich in erster Linie als Ort der Krisenintervention, an dem durch die Distanz zur bisherigen Lebenssiuation die Möglichkeit zur physischen und psychischen Regeneration gegeben wird. Sollte im Haus kein Platz sein, versucht das Frauenhaus, die Frauen anderweitig unterzubringen. Wichtig in diesem Zusammenhang ist die Abklärung der momentanen Existenzgrundlage. Als Hilfestellung zur Bewältigung der akuten Krise erfolgt eine Analyse der Problemstellung und der Ausgangssituation. Dabei geht es um Fragen zur Gesundheit, zur Partnerbeziehung, zur finanziellen Situation und evt. beteiligten Institutionen. Nach der Intervention bietet das Frauenhaus weitere Hilfen in sozialer, medizinischer, lebenspraktischer, psychologischer und juristischer Hinsicht an. Hierbei spielt die Begleitung oder Vermittlung zu anderen Institutionen oder zuständigen Ämtern eine wichtige Rolle. Ziel der Frauenhausarbeit ist es, mit den Frauen ein neues Lebensmodell zu erarbeiten. Wesentlich ist die Förderung von Selbstsicherheit und Selbstbewußtsein und das Erkennen und Weiterentwickeln der eigenen Stärken. Außerdem sollen den Frauen Anstöße und Hilfen im Umgang mit ihren Kindern gegeben werden. Regelmäßige Kinderbetreuungsangebote dienen der Entlastung der Frauen.

Wendet sich eine Frau an das Frauenhaus, so ist es notwendig, daß sie persönlich Kontakt aufnimmt und sich nicht über Dritte vermitteln läßt. Nach dem Grundsatz der Freiwilligkeit kann keine Frau von anderen Personen oder Institutionen dem Frauenhaus zugewiesen werden, was der Überzeugung entspricht, daß Veränderung nur aus eigener Motivation möglich ist, die zwar unterstützt aber nicht forciert werden kann.

Im telefonischen Gespräch erhält die Frau Informationen über das Frauenhaus und kann sich dann entscheiden, ob sie aufgenommen werden möchte. Beim Aufnahmegespräch im Haus kann sie dann eingehend ihre Situation schildern, und gemeinsam mit der Beraterin die nächsten Schritte zur Existenzsicherung erarbeiten. Die Arbeit mit den Frauen basiert auf einem Bezugssystem, d.h. jede Bewohnerin hat eine bestimmte Teamfrau als Hauptansprechpartnerin, mit der fortlaufende Beratungsgespräche stattfinden. Ein weiteres Arbeitsfeld ist die Gruppenarbeit. In der Hausversammlung werden Informationen ausgetauscht, Konflikte besprochen und die hausinterne Organisation geregelt. Andere Bereiche sind thematische Gruppenarbeit und Freizeitaktivitäten, wie ein Nachmittagskaffee in der Woche, Grillfeste, Ausflüge oder Geburtstagsfeiern. Großen Wert wird auf die Entwicklung und Stärkung von Gemeinschafts- und Solidaritätsgefühl unter den Frauen gelegt. Durch die Auflösung der Isolation in der Kleinfamilie bietet das Frauenhaus Anregung zur Reflexion und zu neuen Konfliktlösungen.

Ein weiterer wichtiger Arbeitsbereich des Frauenhauses fällt auf die Unterstützung der Frauen in ihrer neuen Lebenssituation nach Verlassen des Frauenhauses durch nachgehende Beratung.

2.2.3. Arbeit mit den Kinder

Die Kinder sind oft selbst Opfer von Mißhandlungen oder sind durch jahrelange leidvolle Erlebnisse in einem gewalttätigen Familienumfeld erheblich belastet. Das Frauenhaus bietet auch ihnen einen Schutzraum. Die Mitarbeiterinnen akzeptieren die Kinder als eigenständige Persönlichkeiten. Durch Spiel- und Gesprächsangebote sollen sie positive Erfahrungen machen können und die Möglichkeit erhalten, sich mit ihrer Lebenssituation auseinanderzusetzen und ihre Gewalterfahrungen aufzuarbeiten. Innerhalb der Kindergruppen können sie Sozialverhalten einüben und neue Konfliktlösungen kennen lernen. Die Mitarbeiterinnen achten auf eventuelle Entwicklungsdefizite und versuchen diese auszugleichen. Je nach Art und Umfang der Auffälligkeiten empfehlen sie Erziehungshilfen außerhalb des Hauses (z.B. Erziehungsberatungsstelle). Auch im Kinderbereich wird mit dem Bezugssystem gearbeitet, allerdings dürfen die Betreuungsfrauen von Mutter und Kind nicht identisch sein, damit die Mitarbeiterin keine Doppelrolle einnehmen muß und die parteiliche Arbeit mit den Frauen und den Kindern gewährleistet ist. Zweimal in der Woche werden 2-3 Stunden Kinderbetreuung angeboten. Außer der Anleitung im Umgang mit Material oder beim Basteln ist es eine wichtige Funktion der Betreuenden als Bezugsperson präsent zu sein, da die Kinder meist sehr zuwendungsbedürftig sind. Durch die knappe personelle Besetzung bleibt außerhalb der festen Zeiten wenig Raum auf die Belange der Kinder einzugehen.

2.3. Kontakte und Zusammenarbeit mit anderen Institutionen

Um eine möglichst effektive und umfassende Hilfe für Frauen und Kinder anbieten zu können, sind Kontakte und Zusammenarbeit mit anderen Personen, sowie privaten und staatlichen Institutionen unerläßlich. Diese Zusammenarbeit fordert die Frauenhausmitarbeiterinnen jedoch immer wieder zu inhaltlichen Auseinandersetzungen mit verschiedenen Behörden über das Selbstverständnis der Arbeit gegen Gewalt gegen Frauen. Ihr Ziel richtet sich dabei einerseits auf die konkrete Unterstützung für die betroffene Frau ,andererseits aber auch auf die Veränderung der Institutionen bezüglich ihrer Einstellung zur Gewaltproblematik gegenüber Frauen und ihres konkreten Handelns innerhalb und außerhalb der Institutionen. Die Gefahr, daß den Frauenhausbewohnerinnen außerhalb des Frauenhauses nicht die nötige Achtung entgegengebracht wird, ist relativ hoch. Frauen erzählten häufig über die andere Behandlung auf Ämtern, wenn sie nicht von einer Frauenhausmitarbeiterin begleitet wurden. Insofern bedeutet die Verhandlungsarbeit mit den Institutionen immer auch eine spezielle Form der Öffentlichkeitsarbeit.

Mit folgenden Institutionen und Gruppen hat das Frauenhaus regelmäßig Kontakt:

Sozial- und Jugendamt
Erziehungsberatungsstelle
Städt. Wohnbaugesellschaft
Suchtberatungsstellen
Kindergärten/ Schulen/ Hort
Frühförderung
Stadtverwaltung
Frauenberatungsstelle gegen sexuellen Mißbrauch
Arbeitskreis Soziales
Arbeitskreis gegen sexuellen Mißbrauch
andere Frauenhäuser und Initiativen

Daneben sind ÄrztInnen, TherapeutInnen, RechtsanwältInnen und PfarrerInnen weitere wichtige Kontaktpersonen.

2.4. Öffentlichkeitsarbeit

Das Ziel der Öffentlichkeitsarbeit ist es, Aufgaben und Arbeit im Frauenhaus transparent zu machen. Dazu gehören Erfahrungsberichte über Art und Umfang der sozialarbeiterischen und sozialpädagogischen Tätigkeiten im Frauenhaus, sowie die Problematisierung der Stellung und Anerkennung des Frauenhauses im sozialen Netz und der Bewußtmachung gesellschaftlich bedingter Gewaltverhältnisse in Partnerschaften.

Aufklärungsarbeit ist ein notwendiges Mittel, der Öffentlichkeit die gesellschaftliche Funktion von Frauenhäusern zu verdeutlichen.

Noch in den 80er Jahren wurde die Öffentlichkeitsarbeit überwiegend von Vereinsfrauen in Form von Informationsveranstaltungen zu verschiedenen aktuellen Themen im Rahmen des Frauencafés übernommen. Auch gab es Frauentage, Ausstellungen und eine Menge kulturelle Veranstaltungen, Zeitungsartikel wurden geschrieben und intensiver Kontakt zu einzelnen PolitikerInnen gepflegt. Neben dem Einsatz für die Einrichtung des Frauenhauses mußte immer auch für den Erhalt der Beratungsstelle, die sich dann 1992 vom Verein 'Frauen helfen Frauen` trennte und einen eigenen Verein 'Frauenberatungsstelle e.V.` gründete, gesorgt werden.

Inzwischen gibt es nur noch wenige ehrenamtlich engagierte Frauen, so daß es zu einer inhaltlichen und praktischen Gewichtsverlagerung zugunsten des Frauenhauses kam. Vom Frauenhaus als Mittelpunkt des Vereins muß heute wesentlich mehr feministisches Engagement in die Öffentlichkeit getragen werden als vor zehn Jahren. Diese Entwicklung entspricht dem allgemeinen Trend in der Frauenbewegung, die es hauptsächlich nur noch in Form von verschiedenen Frauenprojekten gibt. Ein wichtiges Forum für fachlichen und politischen Austausch unter den autonomen Frauenhäusern bietet auch für das Lörracher Frauenhaus die Mitarbeit an den regelmäßigen LAG-Treffen.

3. Frauen und Mißhandlung

3.1. Frauen in Mißhandlungsbeziehungen
3.1.1. Formen und Ausmaß der Mißhandlungen

Über das Ausmaß von Gewalt gegen Frauen in privaten Beziehungen lassen sich wegen der hohen Dunkelzifferrate keine genauen Angeben machen. Neuste Zahlen aus einer Repräsentativerhebung von 1992[11] für den Fünfjahreszeitraum von 1987 - 1991 ergaben, daß 16,1% Opfer von physischer Gewalt in engen Beziehungen wurden. Davon waren 4,6% Opfer schwerwiegender Gewalt. Aus weiteren Daten für diesen Zeitraum ergab sich, daß zwischen 2,1% und 3,9% der Frauen zwischen 20 und 59 Jahren mindestens einmal Opfer einer sexuellen Gewalttat durch Bezugspersonen im sozialen Nahbereich von Haushalt und Familie wurden, was einer mittleren Schätzung von 690000 Frauen entspricht. Etwa 350000 Frauen wurden in diesem Zeitraum Opfer einer sexuellen Gewalttat durch ihren zur Tatzeit im gleichen Haushalt lebenden Ehemann.
Mit dem Stand der Forschungsentwicklung ist inzwischen

> „unübersehbar geworden, daß eine klare Abgrenzung zwischen Mißhandlungsbeziehungen und der gesellschaftlichen Normalität nicht gezogen werden kann. Sowohl die herkömmlichen Geschlechterrollenauffassungen mit ihrer Erwartung an männliche Dominanz wie auch die verbreitete Toleranz für Gewaltausbrüche als Problemlösungsverhalten im Umgang mit Schwächeren schaffen ein gesellschaftliches Klima, in dem es in allen sozialen Schichten in scheinbar normalen Ehen zu Frauenmißhandlungen kommen kann" (Brandau u.a. 1991. 24).

In ihrer Untersuchung mit betroffenen Frauen kommt Hanetseder zu dem Ergebnis, daß die Frauen Opfer von multipler Gewalt werden, was eine Verbindung von psychischer und physischer Gewalt bedeutet. Oft gehen verschiedene Formen der Gewalt ineinander über und werden teilweise nicht als Gewalt wahrgenommen, wobei körperliche Gewalt die psychische Gewalt immer mit einschließt.

---

11 vgl. Wetzels/Pfeiffer 1995. 12ff.

3.1.1.1. Psychische Gewalt

Als häufigste Form der psychischen Gewalt wird die verbale Gewalt genannt. Neben beschimpfen, auslachen, drohen, beleidigen u.v.m. als verbale Angriffe auf das weibliche Selbstwertgefühl, wird Sprache häufig dazu benutzt, vollzogene Mißhandlungen zu bagatellisieren und die Frau zu verwirren, indem der Mißhandler die Frau für seine Gewalttat verantwortlich macht und ihre Reaktion darauf ins Lächerliche zieht. Daneben kann das Anschweigen und Nichtbeachten als eine eher versteckte Form von Gewalt durch Mißachtung der Frau angesehen werden.

Nicht selten wird die ökonomische Abhängigkeit der Frau ausgenutzt, indem ihr Geldmittel willkürlich oder als Mittel von Strafe und Belohnung zur Verfügung gestellt werden. Als Ausdruck von patriarchalischem Besitzdenken üben viele Männer eine starke Kontrolle über das Leben ihrer Frauen aus und verlangen für alles, was sie tut, Rechenschaft und unterbinden den Umgang mit anderen Menschen. So drängen sie die Frau in die soziale Isolation und zerstören allmählich ihr Gefühl für Autonomie.

3.1.1.2. Physische Gewalt

Die Brutalität physischer Gewalt drückt sich aus in ohrfeigen, schlagen, treten, schubsen, packen, würgen und mißhandeln mit harten, scharfen oder heißen Gegenständen, derweil es sich meist nicht um eine einzige isolierte Tat handelt, sondern es finden

> „Exzesse an Tätigkeiten und Grausamkeiten" statt, „die sich zudem über eine beträchtliche Zeitspanne erstrecken können" (Hanetseder 1992. 98).

Häufig wird die Demütigung der Frau noch verstärkt fortgesetzt durch die Anwendung von sexueller Gewalt in Form von Vergewaltigung oder Zwang zu ihr unangenehmen sexuellen Praktiken, begleitet von Morddrohungen, die sie selbst oder ihr wichtige Personen betreffen. Die Todesdrohungen können sich bis zum Mordversuch steigern.

3.1.2. Die Dynamik in Mißhandlungsbeziehungen

Durch ihre gesellschaftliche Benachteiligung auf verschiedenen Ebenen werden Frauen durch physische Gewalt zu Gefangenen ihrer Männer. Es entsteht eine Beziehungsdynamik, die von Zwang und Unterwerfung getragen ist, und in dem Maße, wie der Mißhandler zum wichtigsten Menschen im Leben der Frau wird, prägen seine Taten und Ansichten ihre Psyche[12]. Dabei erzeugen unverständliche, unvorhergesehene Gewaltausbrüche Angst und Hilflosigkeit bei der Frau und zerstören zunehmend ihr Selbstbewußtsein, bis sie zur Überzeugung gebracht wird, daß der Mißhandler allmächtig ist und Gegenwehr keinen Sinn hat. Oft erreicht die Gewalt ein solches Ausmaß, daß die Frau überzeugt ist, sterben zu müssen, dann aber im letzten Moment doch noch begnadigt wird. Wiederholte Todesangst erzeugt das Gefühl von absoluter Abhängigkeit vom Mißhandler, der über Leben und Tod entscheidet und der Frau dadurch paradoxerweise als Täter und Retter erscheinen kann. Nach einem Gewaltausbruch zeigt der Mißhandler oft Reue und verspricht unter Liebesbeteuerungen, sich zu bessern. Er appelliert an ihre Treue und ihr Mitgefühl und vermittelt ihr, daß sie durch noch größere Liebesbeweise sein Schicksal verändern könne. Ihr Ohnmachtsgefühl wird ersetzt durch die Beteuerung von scheinbarer Macht, die sie angeblich über ihn habe, weil nur sie ihn retten könne. Phasen der Gewalt wechseln sich ab mit Phasen der Versöhnung und halten die Frau in einem Kreislauf fest, wobei sie sich in friedlichen Phasen kaum noch an die Mißhandlungen erinnert. Mechanismen der Konfliktabwehr wie Verdrängen und Abspalten von Gefühlen der Angst, Verzweiflung, Erniedrigung und unterdrückten Aggressionen ermöglichen ein Überleben in Mißhandlungsbeziehungen.

„Durch dieses Verleugnen ihrer tatsächlichen Gefühle von Schmerz, Wut und Empörung, die bei einem fremden Mißhandler oder Vergewaltiger eine automatische und ´normale` Reaktion wären, entfernt sich die Frau von ihren eigenen Wünschen und Gefühlen und büßt allmählich ihre Selbstachtung ein. Gleichzeitig lähmt sie ihre Handlungsfähigkeit: durch die Angst sowohl vor dem Mißhandler als auch vor einer ungesicherten Zukunft bei einer Trennung, durch die zeitweilige Verstrickung in Mitleid und Schuldgefühle und häufig durch die Erfahrung, von anderen keine Unterstützung zu bekommen. Da sie irgendwie überleben, d.h. weiterfunktionieren muß, versucht sie oberflächlich ihre Handlungsfähigkeit wiederzugewinnen" (Burgard 1994. 23).

---

12 Herman (1994. 107ff.) vergleicht die Beziehungsdynamik mit dem Täter-Opfer-Verhältnis in Gefangenschaften von Sekten, bei Geiselnahmen und politischen Gefangenschaften

Mißhandler versuchen meistens schon am Anfang der Beziehung, die Frau durch Eifersuchtsszenen an sich zu binden und von anderen Menschen zu isolieren. Die Frau hält seine besitzergreifende Aufmerksamkeit für ein Zeichen besonderer Zuneigung und gerät über kleine Zugeständnisse unmerklich in immer größere Isolation. Die absolute Herrschaft über die Frau erreicht der Mißhandler, wenn sie psychisch so 'gebrochen' ist, daß sie gegen ihre eigenen moralischen Prinzipien verstößt und z.B. grausamste physische und sexuelle Mißhandlung ihrer Kinder duldet. Häufig veranlaßt aber gerade dieser letzte Schritt der psychischen Zerstörung und die Sorge um die Kinder die Frau zur Flucht.

3.1.3. Folgen der Mißhandlung

„Frauen, die in einer Mißhandlungsbeziehung ausharren, befinden sich in einer schizophrenieähnlichen Situation: Der Mann, der ihnen emotionale Zuwendung und soziale Sicherheit versprochen hat, wird zum Angreifer. In der Regel halten sie nach außen die 'Normalität' einer menschenwürdigen Beziehung aufrecht, die oft auch soziale Sicherheit und gesellschaftliche Anerkennung bedeutet, nach innen aber von Angst, Verzweiflung, Erniedrigung und unterdrückten Aggressionen geprägt ist" (Burgard 1994. 23).

Eine solche Situation ist psychisch nur auszuhalten durch Mechanismen der Konfliktabwehr, die auf Dauer zu einer Realitätsverleugnung und einer Selbstverleugnung der Frau führt. Sie verliert zunehmend ihr Selbstvertrauen, ihre Selbstachtung und das Bewußtsein für eigene Bedürfnisse, so daß sie sich ein Leben ohne diesen Mann, der allein ihrem Leben einen Sinn gibt, nicht mehr vorstellen kann. Trotz ihrer Angst schafft es die Frau häufig, die Beziehung zu etwas ganz Besonderem und Außergewöhnlichem hochzustilisieren, und tritt damit in eine beinahe wahnhafte Welt, in der sie alle Zweifel aufgibt, um ihre Treue und Unterwerfung zu beweisen[13]. Dies kann einen Prozeß der Entmenschlichung einleiten, der die Persönlichkeit der Frau bezüglich ihres Körperbildes, ihrer Vorstellungen über andere Menschen, ihrer Werte und Ideale stark verändert.

Herman faßt die Folgen für Opfer aus totalen Unterdrückungssituationen unter den Begriff 'Komplexe posttraumatische Belastungsstörungen' und zählt dazu Störungen der Affektregulation, Bewußtseinsveränderungen, gestörte Wahrnehmung, gestörte Wahrnehmung des Täters, Beziehungsprobleme und Verände-

---

13 vgl. Herman 1994. 130

rungen des Wertesystems[14]. Nicht zu vergessen sind selbstverständlich alle Narben und Verletzungsfolgen aus den bedrohlichen Angriffen auf den Körper der Frau. Oftmals handelt es sich um unsichtbare innere Verletzungen durch Tritte in den Bauchraum, häufig genug jedoch auch um äußere Entstellungen durch Hautverletzungen, Hämatome, Knochenbrüche und Zähneausschlagen. Physische Langzeitfolgen davon sind Herzbeschwerden, Atemnot, Schmerzen verschiedenster Art und Ausmaßes, Kreislaufbeschwerden. Als psychosomatische Symptome treten häufig Schlaflosigkeit, Depressionen, Angstzustände und Allergien auf[15]. Viele Frauen suchen auch Zuflucht zu Tabletten und Alkohol oder begehen Selbstmordversuche.

3.1.4. Rollenbilder und Wertvorstellungen

Das Problem der Gewalt gegen Frauen in der Ehe oder Partnerschaft kann nicht gelöst werden, ohne die vorherrschenden Frauen- und Männerbilder in einer patriarchalischen Gesellschaft zu hinterfragen. Dabei wird deutlich, daß bestimmte gesellschaftliche Vorstellungen von Weiblichkeit, die sich in den individuellen Persönlichkeitsstrukturen verankert haben, die Mißhandlung erst möglich machen.

„Die Beziehung zwischen dem Bild von Weiblichkeit und der Möglichkeit von Mißhandlung als integralem und nicht als fremdem Bestandteil der Frauenrolle liegt in der kollektiven Vision von Weiblichkeit, der Selbstaufgabe und Unterordnung implizit ist und in der sich Aufopfern für andere unter Verzicht auf Selbstverwirklichung - als die wahre Selbstverwirklichung - verherrlicht wird" (Brückner 1991. 13).

Auch die vorherrschenden Phantasien von Liebe als vollkommener Erlösung im Widerspruch zur Realität bewirken, daß reale Enttäuschungen von sehnsüchtigem Verlangen nach dieser Liebe verdrängt werden. So projizieren Frauen wie Männer ihre durch die Gesellschaft vorgegebenen verinnerlichten Vorstellungen über Liebe auf die jeweiligen Partnerinnen oder Partner.

In verschiedenen Untersuchungen zeigte sich, daß Frauen aus Mißhandlungsbeziehungen sich eher an traditionellen Frauenbildern orientieren, was Vorstellungen von grenzenloser Mütterlichkeit und weiblicher Selbstlosigkeit beinhaltet. Die ungelebten Seiten von Selbständigkeit, Stärke und Macht sowie Wünsche

---

14 vgl. Herman 1994. 169
15 vgl. Burgard 1994, vgl. Bundesministerium für Jugend, Familie, Frauen und Gesundheit 1987

nach Sicherheit und Abenteuer müssen dann aus zweiter Hand über den Mann erfüllt werden, was eine Erklärung für die Faszination vieler Frauen an dominanten Männern sein könnte[16]. Frauen geben die Verantwortung über ihr Leben in die Hand des Mannes und erhoffen sich, versorgt zu werden. Dann können sie sich ganz der Fürsorge für Mann und Kinder hingeben und erwarten dadurch Macht über ihre Familie. Allerdings ist eine auf Ohnmacht basierende Macht nur eine scheinbare Macht. Gerade in Mißhandlungsbeziehungen aber verstärkt der Mann dieses scheinbare Machtgefühl der Frau und macht sie sich dadurch noch gefügiger. Gleichzeitig scheint Frauen aber durch die Orientierung an der traditionellen Frauenrolle der Bezug zu ihrem eigenen Frausein zu fehlen.

> „Es ist als würden die Frauen eine Rolle übernehmen, die sie weniger mit
> spezifisch eigenen Inhalten und dem ganz persönlichen, emotionalen Erle-
> ben füllen; vielmehr entsteht der Eindruck, als würden sie in ein vorgefer-
> tigtes Kleid 'Weiblichkeit' schlüpfen und dieses tragen, weil es sich so
> ziemt" (Hanetseder 1992. 131).

Durch die Desensibilisierung der eigenen Emotionen und Bedürfnisse können Angriffe auf die Persönlichkeit nicht frühzeitig wahrgenommen werden, sondern möglicherweise erst als solche identifiziert werden, wenn die Verstrickung in den Teufelskreis der Gewalt bereits begonnen hat. Selbst wenn Frauen zusätzlich zur Familienarbeit erwerbstätig sind, weil der Mann nicht arbeitet oder zu wenig verdient, können sie aufgrund der internalisierten geschlechtsspezifischen Rollenbilder die Erwerbstätigkeit nicht als Chance für eine Trennung wahrnehmen. Die Entwicklung neuer Lebensperspektiven setzt somit einen Bruch mit traditionellen Wertvorstellungen voraus.

3.1.5. Mittäterschaftsthese

Während zu Beginn der autonomen Frauenbewegung ein generalisierter Opferbegriff den Status der Frau im Patriarchat bestimmte, entwickelte sich in den 80er Jahren die These der Mittäterschaft der Frauen. Sie beinhaltet, daß Frauen zu Komplizinnen von Männertaten werden,

> „indem sie Männermystifizierungen weitertreiben, indem sie den Mann
> körperlich und psychisch präparieren für sein kleines und großes Tun und
> seiner Machtgewißheit den täglichen privaten Boden bereiten" (Thürmer-
> Rohr 1989).

---

16 vgl. Brückner 1991

Dadurch sollen Männer nicht von der Verantwortung entlastet werden, sondern die Eigenanteile von Frauen an der Aufrechterhaltung des Patriarchats aufgedeckt werden. Nach Brückner liegt der Mittäterschaftsthese ein Handlungskonzept zugrunde, das nicht die patriarchalischen Verhältnisse in den Vordergrund stellt, sondern die Frau als handelnde Person, die nicht nur Opfer der Verhältnisse ist. Sie betont jedoch, daß die Befreiung aus der traditionellen Frauenrolle nicht allein über rationale Entscheidungen zu bewältigen ist, da alle Frauen bis in ihr Innerstes von den patriarchalischen Gesellschaftsstrukturen durchdrungen sind und diese gleichzeitig produzieren und reproduzieren[17]. Herman gibt in Anlehnung an die Historikerin Lucy Dawidowcz zu bedenken, daß der Begriff der Mittäterschaft nur in Situationen anwendbar sei, in denen Menschen frei wählen können.[18] Gerhard weist darauf hin, daß speziell in Mißhandlungsbeziehungen das Machtverhältnis zwischen Täter und Mittäterin analysiert und auf die realen Handlungsmöglichkeiten der Frau überprüft werden muß, um den Grad ihrer Mitverantwortlichkeit zu bestimmen[19]. So hat eine deutsche Akademikerin ohne oder mit einem Kind sicherlich günstigere Handlungsmöglichkeiten als eine türkische Frau mit fünf Kindern oder eine Afrikanerin, deren Aufenthaltsrecht unter den §19 Ausländergesetz fällt und ihr nur die Wahl offen läßt zwischen Rückkehr in ihr Herkunftsland oder Ausharren in der Mißhandlungsbeziehung.

Reale Handlungsmöglichkeiten hängen sowohl von äußeren materiellen Umständen als auch von der momentanen psychischen Verfassung der Frau ab. Oft kann eine mißhandelte Frau objektiv existierende Möglichkeiten zur Befreiung aus der Mißhandlungsbeziehung nicht wahrnehmen, weil sie in ihrer Realitätsleugnung als Überlebensstrategie in einer Mißhandlungsbeziehung immer noch an der Hoffnung auf Veränderung festhält und sich ein Leben ohne diesen Mann nicht vorstellen kann.

3.2. Mißhandelte Frauen im Frauenhaus
3.2.1. Aktive Lösungsversuche

Wenn bis jetzt der Eindruck entstanden ist, daß Frauen passiv in Mißhandlungsbeziehungen verharren, ist dies nur die halbe Wahrheit. Hanetseder betont in ihrer Untersuchung als bemerkenswert, wie häufig Frauen sich auch aktiv gegen

---

17 vgl. Brückner 1991. 11ff
18 vgl. Herman 1994. 162
19 vgl. Kappeler in: Thürmer-Rohr 1989

die Mißhandlungen zur Wehr zu setzen versuchten. Viele Frauen wehren sich mit Worten und Schreien, manche schlagen sogar zurück, machen aber dann die Erfahrung, daß der Mißhandler ihnen kräftemäßig und in seinem Willen zu verletzen überlegen ist.

> „Frauen gehen in der akuten Mißhandlungssituation nicht davon aus, den Mann eventuell kampfunfähig zu machen, sondern wollen sich notdürftig schützen.....Da sie von ihrem Recht, sich zu wehren nicht überzeugt sind, fehlt ihnen die nötige Durchsetzungskraft" (Burgard 1994. 69).

Andererseits versuchen Frauen eine aktive Auseinandersetzung über das Gespräch herzustellen, um Verständnis für sich zu erwecken. Jedoch verstärken solche Aktivitäten der Frau die Gewaltbereitschaft beim Mann, und jede weitere Mißhandlungssituation löst heftigere Gefühle von Angst, Unsicherheit, Ohnmacht und Todesgefahr aus, so daß ein Entkommen der Gewalt nur noch durch Flucht realistisch ist. Nach besonders massiven Angriffen auf die Identität der Frau flüchten tatsächlich viele für kurze Zeit auf die Straße, zu Freundinnen und Freunden oder verstecken sich, weil sie jedes weitere Verbleiben als existentielle Bedrohung sehen. Diese Flucht geschieht jedoch nicht aus einer Entscheidung heraus und bewirkt in der Regel keine Veränderung.

Der Schritt ins Frauenhaus war bei allen von Hanetseder befragten Frauen eine geplante Entscheidung, die ihnen schwer fiel und sehr ambivalent war. Jedoch schienen die Frauen in ihrer Beziehung an einem Wendepunkt angelangt zu sein, der ihnen die Augen öffnete für die Hoffnungslosigkeit ihrer Situation. In diesem Moment werden den Frauen die Wiederholungen der Gewalttaten deutlich und sie verlieren die Illusion über ihren Einfluß auf das gewalttätige Verhalten des Mannes. Somit geht der Entscheidung, ins Frauenhaus zu flüchten, meist ein langwieriger Prozeß im Kampf ums Überleben voraus. Die Eskalation der Gewalttat bis zum Mord ist nach Kriminalstatistiken zu urteilen, durchaus realistisch einzuschätzen. Das Eingeständnis, ohne fremde Hilfe keinen Ausweg aus der gewalttätigen Beziehung zu finden, löst bei den Frauen eine schwere Krise aus, in der alle bisherigen psychischen Deutungsmuster und Einstellungen ihren Sinn verlieren.

3.2.2. Der Schritt ins Frauenhaus

Die Entscheidung ins Frauenhaus zu gehen wird neben der akuten Krise noch von anderen Faktoren beeinflußt. Manchmal fällt sie erst dann, wenn der Täter auch die Kinder mißhandelt. Außerdem spielt die innere Präsens des Frauenhauses in den Vorstellungen der mißhandelten Frauen für die Entscheidung eine Rolle. Meist sind die Bilder über das Frauenhaus sehr vielschichtig und kontrovers und lösen erwartungsvolle aber auch ängstigende Gefühle aus. Dazu kommen Erfahrungen, die die Frau möglicherweise mit anderen Institutionen gemacht hat. Auch ihre psychischen Möglichkeiten, sich auf Hilfe von außen einzulassen - Hanetseder nennt sie die inter- und intrapersonalen Ressourcen der Frau - beeinflussen die Situation. Da die meisten Frauen es bisher eher gewohnt waren, sich auf private Beziehungen zu stützen, bedeutet das Frauenhaus eine doppelte Herausforderung, einerseits als öffentliche Einrichtung im Gegensatz zum Privaten andererseits aber auch als ein völlig fremder und unvertrauter Ort, der mit keinem anderen vergleichbar ist, den die Frauen bisher kennen gelernt haben.

Wenig Einfluß auf die Entscheidung zum Weggang hat offensichtlich das Bewußtsein der Notwendigkeit selbstverantwortlich handeln zu müssen, sondern das Frauenhaus hat eher die Funktion eines 'Rettungsankers'.[20]

> „Die Flucht ins Frauenhaus gleicht eher einem Sprung ins kalte Wasser,
> um dem im Rücken tobenden Feuer zu entgehen" (Steinert/Straub 1988.
> 189).

3.2.3. Bedeutung des Frauenhauses für mißhandelte Frauen

Im Gegensatz zur Familie als Reproduktions- und Regenerationsstätten für Männer und Kinder bietet das Frauenhaus als eine neue Erfahrung einen Ort für Frauen, an dem sie Sicherheit, Schutz und Geborgenheit erleben.[21] Über den Schutz der persönlichen Integrität lernen Frauen, wieder Vertrauen zu sich selbst zu entwickeln und dieses Vertrauen durch den Kontakt mit Frauenhausmitarbeiterinnen und -bewohnerinnen auch wieder auf andere Menschen auszudehnen. Die erste Zeit im Frauenhaus bedeutet eine Erholungsphase, um die psychische Stabilität einigermaßen wiederherzustellen, die durch die Krise so schwer

---

20 vgl. Steinert/Straub 1988. 121: Das 'Rettungsanker'-Syndrom
21 vgl. Hanetseder 1992. 212

erschüttert wurde. Erwartungen auf Versorgung, die dann lediglich vom Mißhandler auf die Frauenhausmitarbeiterinnen übertragen werden und der Konzeption 'Hilfe zur Selbsthilfe' widersprechen, führen mitunter zu Enttäuschung bei
den Bewohnerinnen, aber im günstigen Fall zu Auseinandersetzungen mit eigenen Ansprüchen und Erwartungen. Neue Informationen und die Konfrontation
mit anderen Lebensentwürfen können bei den Bewohnerinnen Entwicklungspro-
zesse einleiten. Viele Frauen verlassen das Frauenhaus, bevor sie sich aktiv mit
der Bewältigung ihrer Probleme auseinandergesetzt haben, denn unter Umständen kann die Erfahrung mit all dem Neuen und Fremden noch nicht in die eigene
Persönlichkeit integriert werden. Viele Frauen brauchen mehrere Anläufe, um
sich einem persönlichen Wandel zu stellen und schaffen den Absprung in ein eigenständiges Leben erst nach zwei oder drei Frauenhausaufenthalten.

Häufig erleben die Frauen das Leben im Frauenhaus als neu gewonnene Freiheit, die den Verlust des bisherigen Lebensentwurfs überdeckt. Die Trennungs-
entscheidung kann eine Zeitlang rational begründet werden, doch die Konfrontation mit den eigenen Gefühlen und Wünschen, die immer noch vom alten Ideal
der Ehe geprägt sind, führt immer wieder zu Krisen und stellt die Frauen erneut
vor die Entscheidung, wieder zum Mann zurückzukehren oder sich einem eigen-
verantwortlichen Leben zu stellen.

> „So hinterläßt für viele Frauen die Entwertung oder Sinnentleerung der
> Lebensform Familie in der eigenen Geschichte eine emotionale Lücke, die
> nicht durch die Aufforderung zu Selbständigkeit und Selbstachtung gefüllt
> werden kann" (Brandau u.a.1991. 15).

Steinert/Straub gehen in Anlehnung an Gilligan's Modell der Entwicklung
weiblicher Moral davon aus, daß die Befreiung aus Gewaltverhältnissen ein
wandlungsfähiges Subjekt voraussetzt, das bereit ist, Verantwortung für sich
selbst zu übernehmen und in der Lage ist, konventionelle Vorstellungen über die
Familie zu überwinden. Entsprechend Gilligan's Modell wird im Frauenhaus die
Entwicklung vom Stadium der konventionellen Moral hin zur postkonventio-
nellen Stufe eingeleitet, d.h. die Fürsorge für andere wird ergänzt durch einen
fürsorglichen Umgang mit sich selbst und dem Prinzip Selbstverantwortung.
Dem Stadium der konventionellen Moral geht laut Gilligan das präkonventio-
nelle, egozentrische Stadium voraus, in dem sich Frauen aus einer egoistischen
Perspektive nach Selbsterhaltung den Traum einer Familie erfüllen und heiraten.
Die dort gewonnene Konformität gegenüber gesellschaftlichen Erwartungen an
die Rolle der Ehefrau und Mutter verhindert im Stadium der konventionellen
Moral eine klare Grenzziehung gegenüber dem gewalttätigen Mann. Erst im

Frauenhaus kommen die Frauen über die Konfrontation mit anderen Frauenrealitäten und Frauenbildern zur Auseinandersetzung mit ihrer eigenen Weiblichkeit.

Das Frauenhaus trägt also wesentlich zu einer Bewußtseinsveränderung und einer emanzipatorischen Entwicklung der Frauen bei, indem traditionelle Frauenbilder durch andere ergänzt werden. Die Entwicklungsschritte sind allerdings bei den Frauenhausbewohnerinnen sehr unterschiedlich und entsprechen durchaus nicht immer den Erwartungen der Frauenhausmitarbeiterinnen, was diese unter Emanzipation verstehen. Während meines Praktikums im Frauenhaus bekannte mir eine Frau, daß es für sie schon ein Fortschritt bedeute, wenn sie alleine ohne Angst einkaufen ginge. Es bedarf also sehr viel Einfühlungsvermögen und Toleranz, um die nicht sofort gelingende Verselbständigung der betroffenen Frauen zu unterstützen. Außerdem stellt sich grundsätzlich die Frage, inwieweit sich bei den gegenwärtigen patriarchalischen Gesellschaftsstrukturen Autonomiebestrebungen und Beziehungswünsche aller Frauen miteinander verbinden lassen. Mit diesem Hintergrund wird deutlich, daß nur jede Frau für sich selbst einen Weg finden kann, wie sie die gebotenen Möglichkeiten des Frauenhauses für sich nutzt. Allerdings darf nicht vergessen werden, daß das Frauenhaus lediglich ein Ort der Krisenintervention ist, an dem die häusliche Isolation aufgebrochen wird. Inwieweit begonnene Reifungsprozesse auch nach dem Frauenhaus unterstützt werden können und müssen, soll im nächsten Kapitel meiner Arbeit untersucht werden.

4. Schwierigkeiten ehemaliger Frauenhaus-bewohnerinnnen

4.1. Lebensbedingungen und Belastungen nach der Trennung

Etwa die Hälfte der Frauenhausbewohnerinnen entscheidet sich während des Frauenhausaufenthaltes für eine Trennung vom mißhandelnden Mann. Damit fangen jedoch die eigentlichen Schwierigkeiten der Frauen erst an, denn sie sind nach Verlassen des Schutzraumes vielleicht zum ersten Mal auf sich allein gestellt und mit einer Menge neuer und ungewohnter Belastungen konfrontiert. Dazu gehört einerseits die Bewältigung äußerer Problemlagen wie Wohnungssuche und Lebensunterhalt, andererseits die psychische Verarbeitung der Mißhandlungsfolgen wie auch der Ablösung vom ehemaligen Partner an sich, wobei die häufig fortgesetzte Bedrohung des ehemaligen Partners erschwerend dazukommt.

4.1.1. Wohnungssituation

Obwohl die Möglichkeit besteht, einen Anspruch auf Wohnungszuweisung der gemeinsamen Wohnung geltend zu machen, nehmen die wenigsten Frauen aus Mißhandlungsbeziehungen diese rechtliche Möglichkeit wahr, da sich mit der Rückkehr in die alte Wohnung die Gefahr der weiteren Bedrohung vergrößert. Auch kann die traumatische Behaftung der alten Umgebung die Frau zusätzlich belasten.

Die juristische Durchsetzung des Anspruchs auf Wohnungszuweisung ist zudem meist nicht ohne Schwierigkeiten und Verzögerungen durchzusetzen.[22] Um hier einen adäquaten rechtlichen Rahmen zu schaffen, müßte der rechtliche Status der mißhandelten Frau soweit verbessert werden, daß immer der Mißhandler die gemeinsame Wohnung verlassen muß und ihm zusätzlich weitere Belästigungen und Bedrohungen strafrechtlich untersagt würden.[23].

So entscheiden sich die meisten Frauen als Grundvoraussetzung für die dauerhafte Trennung vom mißhandelnden Mann, zur Suche einer eigenen Wohnung, was mit großen Schwierigkeiten verbunden ist. Da der Wohnungsmarkt generell angespannt ist, haben Frauenhausbewohnerinnen

---

22 vgl. Terlinden u.a. 1987.Kap. 1-2
23 vgl. Krieger u.a. .1994. 24/100

„kaum Zugang zum freien Wohnungsmarkt, sondern sind auf öffentlich
geförderte Wohnungen angewiesen,...deren Vergabe in der Regel mit
langwierigen bürokratischen Verfahren und entsprechend langen Warte-
zeiten verbunden ist" (Brandau u.a. 1991. 86).

Die eingeschränkten Chancen der Frauenhausbewohnerinnen auf dem Wohnungsmarkt sind oft der Grund für lange Frauenhausaufenthalte und verhindern
die Aufnahme weiterer Zuflucht suchender Frauen, da das Haus ständig über-
belegt ist. Terlinden u. a. führen die Ursachen für die Diskriminierung von Frauenhausbewohnerinnen auf dem Wohnungsmarkt auf fünf zusammmenwirkende
Faktoren zurück:

> „Alleinstehende Frau, alleinerziehende Mutter, Mißhandelte, Frauenhaus-
> bewohnerin, Sozialhilfeempfängerin. Schon jeder einzelne der genannten
> Punkte verleiht Frauen ein mehr oder weniger beträchtliches Stigma des
> 'Unnormalen`. Bei unserer Bezugsgruppe kommen - meist - alle zusam-
> men" (Terlinden u.a. 1987.28).

Eine Wohnung, die über das BSHG finanziert wird, unterliegt zudem noch bestimmten Vorschriften bezüglich Größe und Mietpreis. Wenn diese nur gering-
fügig überschritten werden, kann die Mietübernahme vom zuständigen Sozialamt abgelehnt werden. Die Chancen für Frauenhausbewohnerinnen, eine angemessene Wohnung zu finden, sind also erheblich eingeschränkt.

Ist dann endlich eine Wohnung gefunden worden, kommen weitere finanzielle und organisatorische Belastungen auf die Frauen zu. Dies betrifft sowohl
den Umzug und die Renovierung der Wohnung als auch die Beschaffung von
Einrichtungsgegenständen, denn meistens sind zu diesem Zeitpunkt die Besitz-
verhältnisse des gemeinsamen Hausrats noch nicht rechtlich geregelt. Bis zum
Scheidungsverfahren hat die Frau wenig Möglichkeiten, ihr zustehende Anteile
einzufordern, ohne sich weiteren Bedrohungen auszusetzen. Deshalb sind viele
Frauen bei der Einrichtung ihrer Wohnung auf die geringe materielle Unterstützung des Sozialamts und auf Spenden angewiesen, was das ohnehin schon reduzierte Selbstwertgefühl der Frauen nicht gerade stärkt.

4.1.2. Sozio-ökonomische Situation

Die Zuflucht ins Frauenhaus wird von vielen Frauen als ein sozialer Abstieg empfunden, vor allem dann, wenn sie überwiegend vom Einkommen des Mannes abhängig waren und bei der Trennung Sozialhilfe beziehen müssen. Frauen aus der Mittel- und Oberschicht sind meist härter von einem Statusverlust betroffen und versuchen das Gewaltproblem öfter durch andere Mittel aufzufangen, weshalb sie eher weniger häufig in Frauenhäusern Zuflucht suchen. Dadurch entsteht leicht der Eindruck, daß Gewalttätigkeit nur in der Unterschicht und in Randgruppen vorkommt. Aus der gesellschaftlichen Tendenz heraus, familiäre Probleme privatautonom zu lösen, fällt es Menschen aus den sog. 'besseren` Familien oft noch schwerer, öffentliche Hilfe in Anspruch zu nehmen. Auch bedeutet die Abhängigkeit der Frau vom Verdienst des Mannes eine höhere Hemmschwelle zur Trennung.

> „Demnach ziehen Frauen, die vor dem Frauenhausaufenthalt Sozialhilfe
> bezogen haben, sowie erwerbstätige Frauen häufiger in eine eigene Woh-
> nung als Frauen, die zuvor vom Partner materiell abhängig waren"(Krieger
> u. a. 1994. 36).

Die zunehmende überproportionale Frauenarbeitslosigkeit und die anhaltende strukturelle Benachteiligung von Frauen mit Kindern erhöht die finanzielle Abhängigkeit vom Ehemann. Ehemalige Frauenhausbewohnerinnen unterscheiden sich darin nicht von anderen Frauen in unserer Gesellschaft. Eine brüchige Erwerbsbiographie, fehlende oder überholte berufliche Qualifikation und zeitliche wie räumliche Einschränkungen durch Kinderbetreuung erschweren den Frauen einen Einstieg in die Berufstätigkeit drastisch. Andere, die bereits in einem Arbeitsverhältnis stehen, verdienen nicht genug, daß es ihnen als Alleinverdienerin zum Lebensunterhalt ausreicht. So verspricht die Erwerbstätigkeit nicht unbedingt eine Garantie für finanzielle Unabhängigkeit, was neben den anderen Benachteiligungen von Alleinerziehenden auf dem Arbeitsmarkt den relativ hohen Anteil der Sozialhilfeempfängerinnen unter den ehemaligen Frauenhausbewohnerinnen erklärt, denn auch Unterhaltsansprüche gegenüber dem Ehemann aus einer Mißhandlungsbeziehung müssen meist eingeklagt werden und solange über 'Hilfe zum Lebensunterhalt` überbrückt werden.

> „Die Abhängigkeit von Ämtern bei der Beanspruchung von Sozialleistun-
> gen oder das Einklagen von Unterhaltsansprüchen beim Ehemann werden
> von vielen Frauen als besonders demütigend und diskriminierend erlebt.
> Abgesehen davon, daß 'Hilfe zum Lebensunterhalt` oder auch Arbeitslo-

senunterstützung und Rente bekanntermaßen eine äußerst knappe, an Armut grenzende Kalkulation bei der Organisation des Haushalts notwendig machen, ist die Beantragung der Leistungen mit viel Mühe und oftmals auch mit dem Erleben von behördlicher Schikane verbunden" (Brandau u.a. 1991. 92).

Abgesehen von der ungesicherten finanziellen Zukunft sind verheiratete Frauen nach dem Frauenhausaufenthalt neben der o.g. Wohnungsbeschaffung zusätzlich mit dem Scheidungsverfahren und den damit verbundenen Sorgerechtsregelungen für die Kinder belastet. Häufig setzen die Ehemänner mit ihrem Antrag auf das Sorgerecht die Ehefrau erneut unter Druck, um sie zur Rückkehr zu bewegen. Daneben müssen die Frauen sich um eine neue Schule oder um Kindergartenplätze kümmern und ihre Kinder in der oft schwierigen Phase der Eingewöhnung unterstützen.

Unter diesen erschwerten Bedingungen brauchen ehemalige Frauenhausbewohnerinnen sehr viel Zeit, eine längerfristige Lebensperspektive zu entwickeln. Diejenigen aber, die die schwere Zeit bewältigt haben, sehen sie im Rückblick als Bereicherung in ihrem Leben, durch die sie mehr Einblick und Vertrauen in ihre Rechte und deren Durchsetzung gewonnen haben.[24]

4.1.3. Psychosoziale Situation

Mit dem Auszug aus dem Frauenhaus in eine eigene Wohnung beginnt für die Frauen eine kritische Übergangsphase, die im Nachhinein überwiegend als eher negativ beurteilt wird. Schon der Entschluß zum Auszug löst ambivalente Gefühle aus: der Wunsch nach einem normalen Alltag und einem selbständigen Leben wechselt sich ab mit Ängsten und Zweifeln, die neuen Anforderungen nicht bewältigen zu können. Häufig erleben Frauen die neue Situation schwieriger als in ihren Erwartungen angenommen. Besonders gravierend ist dabei die soziale Isolation durch das plötzliche Fehlen der vielfältigen Kommunikationsmöglichkeiten im Frauenhaus und des häufig radikalen Abbruchs zu allen bisherigen familiären und privaten Beziehungen. Aus Gründen der Sicherheit sind Frauen mit der Flucht ins Frauenhaus gezwungen, ihr bisheriges soziales Umfeld zu meiden.

In einer Befragung der Frauenhäuser und Beratungsstellen stellte sich heraus, daß zu den zentralen Schwierigkeiten ehemaliger Frauenhausbewohnerinnen die

---

24 vgl. Brandau u. a. 1991. 94

soziale Isolierung, die Resignation und Überforderung durch die neue Lebenssituation sowie die weiterbestehende Bedrohung gehören.[25] Zwar kann die Frau über eine Auskunftssperre ihren Aufenthaltsort geheimhalten, jedoch gelingt es den Männern trotzdem sehr oft, die Adresse herauszubekommen.[26] Über das Besuchsrecht, Schule und Kindergarten bekommen sie Kontakt zu den Kindern und damit eine Verbindung zur Frau. Häufig unterschätzen Frauen auch die Situation und rechnen nicht damit, daß anfänglich friedliche Kontakte zum Mann wieder zu Gewalttätigkeiten eskalieren, was sehr oft vorkommt.

Zu allen äußeren Problemen kommt eine extreme Selbstverunsicherung der Frau hinzu, erfahren durch den

> „Unterschied zwischen vorher erlebter Abhängigkeit und Unselbständigkeit, aber relativer Sicherheit - zumindest den gesellschaftlichen Status betreffend - und neu erfahrener Selbständigkeit und Entscheidungsfreiheit, aber begleitet von Verunsicherung und Vereinzelung" (Brandau u. a. 1991.102).

In der Regel brauchen Frauen aus Mißhandlungsbeziehungen mindestens ein Jahr, bis sie allmählich zu einem veränderten Selbstbild gelangen und aus dem wiedergewonnenen Selbstvertrauen Mut und Entschlußkraft für eine positive Lebensgestaltung schöpfen können. Entscheidend dafür ist, ob es den Frauen gelingt, ihrem Leben einen neuen Sinn zu geben, den früher der Partner verkörperte. Besonders schwer haben es dabei Frauen ohne soziales Netz wie Verwandte und FreundInnen, was oft auf Ausländerinnen zutrifft, und Frauen ohne berufliche Perspektive. Auch ältere Frauen scheinen in einem eigenständigen Leben weniger Perspektiven für sich zu sehen und treffen die Wahl zwischen Rückkehr und Trennung als Wahl zwischen zwei unglücklichen Lebensmöglichkeiten.

Zukünftige Lebensvorstellungen beinhalten bei den meisten ehemaligen Frauenhausbewohnerinnen eine neue Beziehung zu einem Mann und den Wunsch nach einem normalen Familienleben. Dabei scheint ihnen jedoch eine Vereinbarung von Selbstbestimmung in einer gleichberechtigten Partnerschaft als frühzeitige Maßnahme gegen Unterdrückung schwer vereinbar mit einem normalen Familienleben und den Erwartungen der konkreten Männer, denen sie begegnen. So lassen sie sich häufig wieder auf Beziehungsstrukturen ein, die ihre wiedergewonnene Autonomie erneut gefährden. Emanzipation und Ehe wer-

---

25 vgl. Brandau u.a. 1991. 97
26 Diese Erfahrung machte ich während meines Praktikums im Frauenhaus mit Mißhandlern, die ihre Frauen ständig am Frauenhaus abpaßten, so daß diese sich nicht mehr allein aus dem Haus trauten. In einer Kleinstadt ist die Geheimhaltung schwieriger.

den als unvereinbarer Gegensatz gesehen, wobei der Verlust von Selbständigkeit ein normaler Bestandteil der Ehe und damit Teil eines normalen Frauenlebens ist.

> „Autonomie und Liebesbedürfnis schließen sich gegenseitig aus und zwar nicht erst auf der Stufe der Umsetzungsschwierigkeiten, sondern schon auf der Ebene des Vorstellbaren. Es gibt nur ein Entweder-Oder. So bedeutet ein Mann für eine Frau immer einen Verlust, den Verlust eines eigenständigen Selbst; allerdings ist der Preis für ein eigenes Selbst das Alleinsein und der Verzicht auf Liebe" (Brückner 1987. 183).

4.1.4. Spezifische Situation ausländischer Frauen

Die Situation vieler ausländischer Frauen ist überwiegend von ihrem rechtlichen Aufenthaltsstatus abhängig. Viele Frauen besitzen kein eigenes Aufenthaltsrecht, sondern ihr Aufenthaltsstatus ist an die eheliche Lebensgemeinschaft gekoppelt. Nach dem §19 des Ausländergesetzes erhalten nachgezogene Ehegatten ein eigenständiges Aufenthaltsrecht erst, wenn die eheliche Gemeinschaft mindestens vier Jahre im Bundesgebiet bestanden hat. Bei besonderer Härte kann diese Frist um ein Jahr auf drei Jahre reduziert werden. Diese besondere Härte bezieht sich aber nicht auf den Aufenthalt in Deutschland, sondern lediglich auf die politischen Zustände im Herkunftsland. In einer Mißhandlungsbeziehung hat die Frau folglich nur die Wahl, beim gewalttätigen Ehemann auszuharren, bis die Frist von vier Jahren erreicht ist, oder in ihr Heimatland zurückzukehren. Schon eine räumliche Trennung vom Ehemann kann ein Ausweisungsgrund sein. Fortwährende Mißhandlungen der Ehefrau werden nicht als Härtefall anerkannt. Andererseits wird eine geschlechtsspezifische Verfolgung im Heimatland nicht als Asylgrund anerkannt. Als geschiedene Frau wird ihr im Heimatland häufig zusätzlich alle familiäre Anerkennung entzogen und das Sorgerecht für ihre Kinder aberkannt. Ohne Einbindung in ein familiäres Netz hat sie zudem keine Möglichkeit, ihre Kinder zu ernähren. Bleibt sie in Deutschland, kann der Sozialhilfebezug schon ein Ausweisungsgrund sein. Auch auf dem Arbeitsmarkt muß sie als ausländische Frau mit massiven Schwierigkeiten rechnen. Häufig wird sie auch innerhalb Deutschlands von ihren Verwandten verstoßen, wenn sie den Mann verläßt oder sie wird nach der Trennung von den Männern ihrer Familie verfolgt und massiv bedroht. Mordanschläge sind hier nicht selten. Dies sind Gründe, die oft dazu führen, daß die Frauen nach dem Frauenhausaufenthalt wieder zu ihrem Ehemann zurückkehren.

4.2. Situation der Frauen nach der Rückkehr zum Mann

Insgesamt ist sehr wenig über die Frauen bekannt, die in die Mißhandlungsbeziehung zurückkehren. Etwa 35% der Frauen, die ein Frauenhaus aufsuchen, kehren innerhalb von drei Tagen zurück zum Mann.[27] Ein anderer größerer Teil der Frauenhausbewohnerinnen verläßt das Frauenhaus nach ein bis zwei Wochen, weil es ihnen eher um vorübergehenden Schutz als um eine grundlegende Veränderung in ihrem Leben geht. Viele Frauen können sich nicht mit der Frauenhauskonzeption anfreunden und fühlen sich einerseits räumlich beengt, andererseits durch das Gemeinschaftsleben zu stark gefordert und entwickeln eine ablehnende Haltung gegenüber dem Frauenhaus.

Die Frauen, die zum Mann zurückkehren, entscheiden sich dazu oft unüberlegt und impulsiv aus dem Moment heraus. Ihre ambivalenten Gefühle, einerseits die Hoffnung auf eine Veränderung der Beziehung, andererseits die Angst vor weiteren Mißhandlungen, zwingen die Frauen überstürzt auszuziehen, ohne nochmals Stellung zu ihrer Entscheidung beziehen zu müssen. Eine Frauenhausbewohnerin stellte mich einmal vor vollendete Tatsachen, indem sie mir mitteilte, daß sie in fünf Minuten von ihrem Mann abgeholt würde. Sie sagte, sie habe Angst, aber sie könne im Moment nicht anders handeln. Ihre Rückkehr drückte Resignation und Ohnmacht gegenüber ihrem Mann aus, der immer wieder bei den Behörden versucht hatte, ihre Aufenthaltsberechtigung als Ausländerin zu gefährden. Aber auch wenn die objektiven Bedingungen weniger dramatisch sind, sind die Erwartungen bei Rückkehrerinnen eher bescheiden und beschränken sich auf die Hoffnung, nicht mehr geschlagen zu werden. Ihre Fürsorge ist weiterhin fast ausschließlich auf Mann und Kinder gerichtet und bedeutet, den begonnen Versuch auf Selbstbestimmung vorläufig aufzugeben.[28]

Andererseits kann nicht übersehen werden, daß Frauen, die nach einem längeren Frauenhausaufenthalt wieder zurückgekehrt sind, durchaus wichtige sie stärkende Erfahrungen machen konnten. So

„besteht bei Frauen, die im Frauenhaus gelebt haben, gegenüber Frauen, die bei Verwandten/FreundInnen Schutz gesucht haben, ein größeres

---

27 vgl. Brandau u.a. 1991. 78
28 vgl. Brandau u.a. 1991. 79

Durchsetzungsvermögen nach ihrer Rückkehr zum Mißhandler" (Sirowy 1991. 28).

Die Frauen erleben sich selbstsicherer, auch durch die Gewißheit, jederzeit wieder ins Frauenhaus fliehen zu können. Häufig ist die erste Zeit nach der Rückkehr tatsächlich von Veränderungen gekennzeichnet, indem der Mann mehr Zugeständnisse macht und damit ihre Hoffnung weckt, während die Frau mehr Forderungen stellt und selbstbewußter auftritt. In der Regel jedoch wird das alte Beziehungsmuster weitergelebt. Zum Teil lösen die Ansprüche der Frau beim Mann sogar verstärkte Gewaltausbrüche aus, besonders dann, wenn sie über keine konsequenten Mittel verfügt, ihre Forderungen durchzusetzen.

4.3. Der Kontakt zum Frauenhaus
4.3.1. Nach der Rückkehr zum Mann

Die meisten Frauenhäuser bieten verschiedene weitergehende Angebote für ehemalige Frauenhausbewohnerinnen an. Diese Angebote werden jedoch kaum von Frauen nach der Rückkehr wahrgenommen und orientieren sich deshalb eher an den Frauen, die sich getrennt haben. 93% der von Brandau u.a. befragten Frauenhäuser halten nachgehende Beratung für zurückgegangene Frauen für notwendig, sehen aber gerade in deren Rückkehr das Problem ihrer Erreichbarkeit. Das hängt einerseits mit deren zum Teil kurzer Aufenthaltsdauer im Frauenhaus zusammen, in der es nicht möglich ist, eine Basis für weitergehenden Kontakt herzustellen. Frauen, die nach einem längeren Aufenthalt zurückkehren, ist es oft peinlich, nochmals mit dem Frauenhaus Kontakt aufzunehmen, aus dem Gefühl heraus, versagt zu haben. Da sie ihre Rückkehr nicht selbstbewußt entschieden haben, könnte der weitere Kontakt zum Frauenhaus ihren Kompromiß gefährden und sie erneut mit einer möglichen Trennung konfrontieren.

> „Durch die (Wieder-)Begegnung mit Mitarbeiterinnnen und Bewohnerinnen erleben sie vermutlich die erfahrene Gewalt und Erniedrigung als selbstverschuldet; dies um so mehr, als sie die angebotene Unterstützung und die Chance für eine Trennung nicht haben wahrnehmen können. Allerdings berichten Frauen oft auch, daß die Männer ihnen jeden Kontakt zu Bekannten aus der Zeit ihres Frauenhausaufenthalts verboten und Außenkontakte kontrolliert haben" (Brandau u.a. 1991. 80).

Es läßt sich daraus allerdings nicht schließen, daß nachgehende Beratung und Unterstützung durch das Frauenhaus von den Frauen grundsätzlich abgelehnt wird. Es ist eher anzunehmen, daß die Angebote nicht geeignet sind, die Frauen zu erreichen, denn aus verschiedenen Gründen sind sie nicht in der Lage, Initiative zu ergreifen. Konzepte der nachgehenden Beratung setzen Aktivität und Veränderungsbedürfnisse der betroffenen Frauen voraus. Frauen in Mißhandlungsbeziehungen haben eine andere Lebenssituation, die wenig von den Frauen selbst bestimmt wird und somit auch einer eigenen Terminplanung keinen Raum läßt. Oft werden besondere Vereinbarungen und Arrangements notwendig, um überhaupt ein Treffen mit der betroffenen Frau zu ermöglichen. Da Frauen in Mißhandlungsbeziehungen generell kaum Initiative zur Befriedigung ihrer eigenen Bedürfnisse ergreifen, bedeutet dies in der Konsequenz, daß die Initiative überwiegend von den Mitarbeiterinnen ausgehen und die Bereitschaft zu Hausbesuchen mit einschließen müßte. Eine solche eher offensive Unterstützung der Frauen schließt die Wahrscheinlichkeit einer Begegnung mit dem Mißhandler mit ein, was vielleicht manchmal die Position der Frau stärken kann, überwiegend jedoch ein erhöhtes Risiko für gewalttätige Auseinandersetzungen in sich trägt. Bisher sind mir keine adäquaten Konzepte bekannt, die eine Lösung für die bisher genannten Probleme beinhalten.

4.3.2. Nach der Trennung vom Mann

Aus der oben beschriebenen umfassenden Problemlage der ehemaligen Frauenhausbewohnerinnen bei einer Entscheidung zur Trennung vom Mann, ergibt sich eine Reihe von Hilfsmaßnahmen, die den Frauen die Bewältigung der neuen Situation erleichtern können. Für viele Frauen ist eine praktische Unterstützung direkt nach dem Frauenhausaufenthalt schon sehr hilfreich, um den Umzug in die eigene Wohnung und die Beschaffung von Einrichtungsgegenständen zu bewältigen. Manche Frauen sind weiterhin angewiesen auf Unterstützung bei der Regelung ihrer materiellen Grundlagen sowie der rechtlichen Hilfen. Dies betrifft häufig ausländische Frauen, die sich mit der deutschen Bürokratie nicht auskennen und oft sprachliche Schwierigkeiten haben.

Die zum Teil erlebte Frauensolidarität im Frauenhaus ist manchmal Grundlage für weiterführende Beziehungen zu anderen ehemaligen Bewohnerinnen oder zumindest sehr wichtig in der Anfangszeit des Alleinseins. Das Wissen von der Existenz des Frauenhauses - der Mitarbeiterinnen und der Bewohnerinnen - als einer Gesprächsmöglichkeit kann in Krisensituationen schon hilfreich sein, auch wenn manches nur allein bewältigt werden kann.

> „Angesichts der Tatsache, daß die reale Lage der Frauen sich in dieser Zeit zur objektiven Überforderung steigern kann, ermöglicht ihnen das Vorhandensein einer vertrauenswürdigen und notfalls zugänglichen Beratung, ihr Alleinsein mit den Problemen als Übernahme der Verantwortung für das eigene Leben und nicht als bloße Verlassenheit zu erfahren" (Brandau u.a. 1991. 101).

Zahlreiche Frauen wünschen sich vor allem weitere Beratungsmöglichkeiten durch ihre Bezugsfrau aus dem Frauenhaus. Die Basis einer schon vorhandenen Beratungsbeziehung kann eine gewisse Stabilität in der neuen Situation bedeuten. Der ausgesprochene Wunsch, von diesen auch in ihrem neuen Zuhause besucht zu werden, entspricht dem Bedürfnis als private eigenständige Person gesehen zu werden und nicht mehr als eine mißhandelte Frau im Frauenhaus.

Häufig lassen Kontakte zum Frauenhaus nach, wenn die Frauen wieder eine neue Beziehung zu einem Mann eingehen. Die Differenz der Ansprüche, wie eine Männerbeziehung aussehen sollte, damit es nicht mehr zu Mißhandlungen kommt, kann das Verhältnis von Frauenhausmitarbeiterinnen und ehemaligen Bewohnerinnen stark beeinflussen.

> „Als Folge zeigen Frauen gewisse Hemmungen, ihre neuen Beziehungen den Mitarbeiterinnen zur Kenntnis zu geben; die Mitarbeiterinnen wiederum sind vielfach enttäuscht, wenn sie entdecken, auf welche Beziehungsstrukturen die Frauen sich erneut einlassen. So ist der Bereich ´neue Beziehungen` ein empfindliches Terrain auch für eine nüchterne nachgehende Beratung" (Brandau u. a. 1991. 110).

Insgesamt muß betont werden, daß mißhandelte Frauen vorübergehend zwar typische Verhaltensmuster aufweisen, ansonsten jedoch keinesfalls eine homogene Gruppe darstellen. Die Verschiedenheit der Frauen führt zu ganz unterschiedlichen, individuellen Lösungsstrategien, die eine bestimmte Entwicklung nicht voraussehen läßt. Grundlage einer nachgehenden Beratung scheint mir deshalb, vermehrt die Stärken der Frauen im Auge zu haben und weniger ihre Defizite verändern zu wollen.

5. Die Arbeit der nachgehenden Beratung

5.1. Organisatorische Struktur

Bisher existieren drei verschiedene Organisationsformen der nachgehenden Beratung, die sich nach Anbieterin und entsprechender Organisationsstruktur unterscheiden. Die jeweiligen Modelle haben sich aus regionalen und infrastrukturellen Gegebenheiten sowie aus dem jeweiligen Bedarf und konzeptionellen Überlegungen heraus entwickelt.

Das historische Ausgangsmodell für die Arbeit mit ehemaligen Frauenhausbewohnerinnnen ist die ins Frauenhaus *integrierte nachgehende Beratung*. Sie entwickelte sich aus dem Bedarf nach weiterer Unterstützung, den Frauenhausbewohnerinnen nach Verlassen des Frauenhauses äußerten. Das Modell der *ausgelagerten nachgehenden Beratung* beinhaltet eine räumliche Trennung von Frauenhausarbeit und nachgehender Beratung und wird in eine Frauenberatungsstelle ausgelagert, die dem Träger des jeweiligen Frauenhauses zugeordnet ist oder zumindest in enger Kooperation mit dem Frauenhaus steht. Bei der dritten Variante handelt es sich um *ergänzende nachgehende Beratung*, die von allgemeinen Frauenberatungsstellen übernommen wird und sich an Frauen mit unterschiedlichen Interessen und Problemlagen richtet, mit der Folge, daß die ehemaligen Frauenhausbewohnerinnen sich doch meistens wieder an das Frauenhaus wenden.[29] Die Kontaktaufnahme zu einer anderen Beratungsstelle, die nicht in enger Kooperation mit dem Frauenhaus steht, bedeutet für die betroffenen Frauen eine größere Hemmschwelle als die zu einem Ort, den sie schon kennen.

Meine weiteren Ausführungen beschränke ich auf die beiden erstgenannten Organisationsformen, die in der Praxis der nachgehenden Beratung die höhere Akzeptanz der betroffenen Frauen besitzen.

5.1.1. Integrierte nachgehende Beratung

Die ins Frauenhaus integrierte nachgehende Beratung wird von ca. 75% der von Brandau u.a. befragten Frauenhäusern angeboten und beinhaltet verschiedene weiterführende Angebote für ehemalige Frauenhausbewohnerinnnen, die an den Ort des Frauenhauses gebunden sind. Ehemalige Bewohnerinnen können jederzeit zu Besuch oder zur Beratung ins Haus kommen und die individuellen Be-

---

29 Vgl. Brandau u.a. 1991. 116

ratungsverhältnisse aus der Zeit im Frauenhaus weiterführen, wenn - wie in den meisten Frauenhäusern - alle Mitarbeiterinnen auch nachgehende Beratung durchführen. In einigen Frauenhäusern, wird die nachgehende Beratung von speziellen Mitarbeiterinnen geleistet, die mit den Frauen kurz vor ihrem Auszug Kontakt aufnehmen. In einem Drittel der befragten Häuser arbeiten auch ehemalige Bewohnerinnen in diesem Bereich mit. Die Angebote umfassen in der Regel Einzelberatung, telefonische Beratung, Gruppentreffen und Freizeitaktivitäten mit unterschiedlicher Gewichtung und Handhabung. Je nach Konzeption oder Bedarf werden zusätzlich Hausbesuche, Begleitung zu Ämtern und Kinderbetreuung durchgeführt.

5.1.1.1. Vorteile der integrierten nachgehenden Beratung

Befürworterinnen des integrierten Modells sehen dessen Vorzüge darin, daß dieses den Wünschen der ehemaligen Bewohnerinnen am nächsten kommt, daß die professionelle Beratung spontan in Anspruch genommen werden kann und daß das Selbsthilfeprinzip unter den Frauen gefördert wird.

> „Die Mitarbeiterinnen gehen davon aus, daß die ehemaligen Bewohnerinnen auch nach ihrem Auszug auf den sozialen Zusammenhang des Frauenhauses zurückgreifen und bevorzugt von den ihnen vertrauten Mitarbeiterinnen beraten werden wollen. Darüber hinaus soll die integrierte nachgehende Beratung die Möglichkeit wechselseitiger Kontakte und Hilfen zwischen den ehemaligen und den derzeitigen Bewohnerinnen fördern, indem die schon vorhandenen Kommunikationsstrukturen in Anspruch genommen werden" (Brandau u.a. 1991.117).

Die aktuellen Bewohnerinnen sind einerseits am Erfahrungsvorsprung der ehemaligen Bewohnerinnen interessiert, da diese den Absprung schon geschafft haben. Andererseits kann dieser Erfahrungsvorsprung zu Kommunikationsproblemen führen aufgrund von Minderwertigkeitsgefühlen, die die Bewohnerinnen, gegenüber denen empfinden, die es schon geschafft haben. Die ehemaligen Bewohnerinnen dagegen fühlen sich manchmal nicht mehr dazugehörig und ausgeschlossen. Es erweist sich deshalb in der Praxis als günstig, die Hilfe zur Selbsthilfe unter den Frauen vorsichtig zu strukturieren, indem Mitarbeiterinnen die wechselseitige Hilfe entsprechend initiieren und vermitteln. Der Kontakt mit ehemaligen Bewohnerinnen kann den Bewohnerinnen schon im Frauenhaus einen Einblick in ihre zukünftige Lebenssituation geben und damit ihre Vorstellungen über das Leben nach dem Frauenhaus konkretisieren. Ebenfalls erfahren sie dadurch praxisnah die Arbeit der nachgehenden Beratung

5.1.1.2. Nachteile der integrierten nachgehenden Beratung

Für die Mitarbeiterinnen bedeutet die Integration der nachgehenden Beratung in die alltägliche Frauenhausarbeit eine noch höhere und komplexere Arbeitsanforderungen als es die Frauenhausarbeit an sich schon mit sich bringt. Neben der kontinuierlich anwachsenden Anzahl der zu betreuenden Frauen erweitert sich auch der zeitliche und fachliche Rahmen für die Beratungen. Es kann nicht mehr wie in der Zeit innerhalb des Frauenhauses auf einen Abschluß hingearbeitet werden, der mit dem Auszug aus dem Frauenhaus zumindest teilweise erreicht ist. Ebenso erfordert die individuelle Vielfalt von Problemlagen und Bedürfnissen der Frauen nach dem Frauenhaus zusätzliche Fachkenntnisse und enorme Flexibilität der Mitarbeiterinnen.

Um einer Überforderung der Mitarbeiterinnen entgegenzuwirken, könnte eine arbeitsteilige Regelung getroffen werden.

> „Mit der Entflechtung beider Bereiche soll die Arbeit der nachgehenden Beratung überschaubar und durch Spezialisierung von Mitarbeiterinnen effektiver gestaltet werden" (Brandau u.a. 1991. 120).

Allerdings lassen sich die Bedürfnisse der ehemaligen Bewohnerinnen und ein sinnvoller Arbeitsablauf innerhalb des Frauenhauses mitunter schwer vereinbaren.

5.1.2. Ausgelagerte nachgehende Beratung

Als eine Alternative zur integrierten Beratung versteht sich das Modell der ausgelagerten nachgehenden Beratung, dessen Vorteile in einer Verbesserung der Arbeitsbedingungen der Mitarbeiterinnen und in einer Verbesserung der Beratungs- und Angebotsstruktur für ehemalige Frauenhausbewohnerinnen liegt. Neben der organisatorischen Eigenständigkeit der Beratungsstellen gestaltet sich die inhaltliche Arbeit weitgehend in enger Zusammenarbeit mit den Frauenhäusern, indem die Mitarbeiterinnen der Beratungsstellen ein bis zwei Tage im Frauenhaus arbeiten, um mit den Bewohnerinnen vor ihrem Auszug Kontakt aufzunehmen über Einzelgespräche, Teilnahme an Hausversammlungen und

Teamsitzungen. Vorteilhaft erweist es sich, wenn ehemalige Frauenhausmitarbeiterinnen in den Beratungsstellen arbeiten - von 89% der befragten Frauenhäuser ein ausdrücklicher Wunsch - ‚da diese sowohl die zeitlichen Abläufe als auch die inhaltliche Arbeit kennen. Es darf jedoch nicht unterschätzt werden, welchen Aufwand es bedeuten kann, die Arbeit zweier eigenständiger Institutionen miteinander zu koordinieren.

Der organisatorisch abgegrenzte Arbeitsbereich der Beratungsstelle ermöglicht eine Erweiterung der sozialpädagogischen Arbeit. Zusätzlich zu den Angeboten der integrierten nachgehenden Beratung wird häufig großen Wert auf präventive Beratung und themenzentrierte Gruppenarbeit gelegt.

Den Frauen könnte die ausgelagerte nachgehende Beratung die Ablösung vom Frauenhaus erleichtern und einer Isolation durch Stigmatisierung als (ehemalige) Frauenhausbewohnerin entgegenwirken. Je nach Angebotsstruktur können ehemalige Frauenhausbewohnerinnen Kontakt mit anderen Frauen bekommen, die nicht in einem Frauenhaus waren, aber auch von Männergewalt betroffen sind.

5.1.3. Zusammenfassung

Generell hängt die Entscheidung für den geeigneten Ort der nachgehenden Beratung davon ab,

> „auf welche Phase nach dem Auszug aus dem Frauenhaus bei der Beratung der 'Ehemaligen' der Schwerpunkt gelegt werden soll, und welche unterschiedlichen Erwartungen der Frauen an nachgehende Beratung man berücksichtigen sollte" (Brandau u.a. 1991. 124).

Es wird vermutet, daß die integrierte nachgehende Beratung stärker Frauen anspricht, die die kommunikativen Möglichkeiten im Frauenhaus mit Bewohnerinnen nutzen wollen. Dies betrifft vorwiegend die Zeit direkt nach dem Auszug aus dem Frauenhaus.

Dagegen bieten die Beratungsstellen eher langfristig orientierte Angebote und sprechen vermehrt Frauen an, die konkrete Vorstellungen und Erwartung an Unterstützung formulieren, was ihnen meist erst zu einem späteren Zeitpunkt möglich ist. Möglicherweise können Frauen, die nach dem Frauenhaus zum Mann zurückgekehrt sind, über eine Beratungsstelle eher erreicht werden als über den emotional belasteten Kontakt zum Frauenhaus. Ebenso trifft das auf Frauen zu, die den Frauenhausaufenthalt negativ erlebt haben. Aus diesem

Grund können die Frauen in manchen Städten zwischen beiden Möglichkeiten der nachgehenden Beratung wählen.

> „Die praktischen Erfahrungen mit diesem Modell eines kombinierten Angebots scheinen jedoch die These zu stützen, daß der Großteil der Frauen sich bevorzugt an das Frauenhaus wendet" (Brandau u.a. 1991.124).

5.2. Inhaltliche Arbeit der nachgehenden Beratung

Die Unterstützungsangebote zur Bewältigung der neuen Lebenssituation nach dem Frauenhausaufenthalt beziehen sich auf folgende drei Ebenen als Ursachen für Schwierigkeiten:

- die Ebene der sozialen und ökonomischen Strukturen

- die Ebene der durch eine geschlechtsspezifische Sozialisation gelernten und verinnerlichten Normen

- die mit der besonderen Individualität der jeweiligen Frau verknüpfte Ebene [30]

Dementsprechend lassen sich die komplexen Problemlagen der ehemaligen Frauenhausbewohnerinnen in verschiedene inhaltliche Arbeitsbereiche gliedern. Die durch die strukturelle Benachteiligung von Frauen verursachten Notlagen erfordern dringende Angebote zur Unterstützung alltäglicher und praktischer Schwierigkeiten, sowie Hilfen zur materiellen Absicherung der Frauen. Ein weiterer wichtiger Arbeitsschwerpunkt ergibt sich aus der auf weibliche Unterordnung ausgerichteten Sozialisation und richtet sich durch psychologische und psychosoziale Angebote auf die psychische Stabilisierung der ehemals mißhandelten Frauen. Darüber hinaus hängt eine erfolgreiche nachgehende Beratung wesentlich davon ob, wie es gelingt, ein vertrauensvolles Beratungsverhältnis aufzubauen. Je umfassender die Angebote sind, desto mehr Bedürfnisse und Wünsche jeder einzelnen Frau können abgedeckt werden, und desto eher gelingt es, die individuelle Persönlichkeit und Problemlage jeder einzelnen Frau zu berücksichtigen.

Insgesamt zeigt der Vergleich der organisatorisch unterschiedlichen Modelle für nachgehenden Beratung keine wesentlichen Unterschiede in der Form ihrer Angebote, wohl aber in ihrer Gewichtung und inhaltlichen Ausgestaltung.

---

30 vgl. Brandau u.a. 1991. 125

5.2.1. Konzeptionelle Überlegungen zur Angebotsstruktur

Der historische Zusammenhang der nachgehenden Beratung mit der Frauenhausarbeit hat dazu geführt,

> „daß Teile des konzeptionellen Selbstverständnisses der Frauenhausarbeit
> auch als Grundlage für die Arbeit der nachgehenden Beratung übernom-
> men wurden. Hierzu gehört der Anspruch einer ganzheitlichen Beratung,
> das heißt, daß ähnlich wie im Frauenhaus die Bereitschaft besteht, sich für
> die Vielfalt der Probleme ansprechbar zu zeigen, wenn auch nicht unbe-
> dingt mit dem Anspruch, sie zu lösen" (Brandau u.a. 1991.126).

Um den vielfältigen Ansprüchen gerecht werden zu können, haben sich die
Schwerpunktsetzung und die Delegation als zwei alternative Lösungsmöglichkeiten herausgebildet.

5.2.1.1. Schwerpunktsetzung

Verschiedene Faktoren nehmen Einfluß auf die Entscheidung zu bestimmten
Angebotsschwerpunkten. Überwiegend entwickelt sich eine Eingrenzung der
Angebote durch die Erfahrung ihres Gelingens oder Scheiterns. Es ist im Arbeitsbereich der nachgehenden Beratung unumgänglich, mehr Angebote anzubieten, als tatsächlich angenommen werden. Neben dem Prinzip von Angebot
und Nachfrage bestimmen allerdings finanzielle Gegebenheiten sehr oft die Re-
duzierung der Angebote. Darüber hinaus spielen Qualifikationen und persönliche Fähigkeiten der Mitarbeiterinnen, sowie deren Frauenbild eine große Rolle
bei der Auswahl der Angebote. Auch infrastrukturelle Mängel am Ort bestimmen manchmal die Gewichtung der Angebote. Weitere Möglichkeiten zur
Schwerpunktsetzung beziehen sich auf die Bewältigung der aktuellen Situation,
andere eher auf langfristige Veränderungen, auf berufliche Perspektiven, Erwerbstätigkeit, Weiterbildung und Umschulung.

Trotz Schwerpunktsetzung scheinen Enttäuschungen und Frustrationen unter
den Mitarbeiterinnen nicht vermeidbar. Grenzen der nachgehenden Beratung ergeben sich immer wieder durch das Problem der Erreichbarkeit der Frauen, was
nur dadurch aufgefangen werden kann, indem das Scheitern von Angeboten in
die Arbeit mit eingeplant wird.

5.2.1.2. Delegation

Da die Mitarbeiterinnen der nachgehenden Beratung niemals allen Problemen gerecht werden können, muß die Zuständigkeit für die unterschiedlichen Probleme auf die entsprechenden dafür kompetenten Einrichtungen verteilt werden. In der Praxis erweist es sich allerdings als besonders wichtig,

> „daß sich die Frauen nicht von vornherein aus verstreuten Hilfsangeboten die für sie geeigneten heraussuchen zu müssen, sondern daß es eine Einrichtung gibt, wo sie 'als ganze Person' mit all ihren Problemen erscheinen, und wo besonders die erlebte Mißhandlungsgeschichte vertrauensvoll einbezogen werden kann. Von hier aus können nach einer angemessenen Einschätzung der Gesamtsituation spezifische Probleme an andere kompetente Stellen delegiert werden" (Brandau u.a. 1991. 127).

Damit kann der verbreiteten Schwellenangst bei vielen Frauen, Hilfe von fremden Stellen anzunehmen, entgegengewirkt werden. Auch ist es für viele Frauen schwierig, aus der Verquickung unterschiedlicher Probleme die entsprechenden Zuständigkeiten herauszufinden.

5.2.2. Arbeitsbereiche der nachgehenden Beratung
5.2.2.1. Praktische Unterstützung

Das Angebot der 'praktischen Unterstützung' ist eine Form der Einzelhilfe, richtet sich auf eine Veränderung der Situation der Frauen und bedeutet Hilfe bei der Bewältigung konkreter Alltagsprobleme. Gemeint sind Hilfen beim Umzug und bei der Renovierung der neuen Wohnung, Informationen über rechtliche Fragen, Informationen über andere Einrichtungen, Unterstützung im Umgang mit anderen Institutionen und Unterstützung bei weiterer Bedrohung durch Gewalt. Diese Hilfen werden von allen Frauenhäusern und Beratungsstellen geleistet, allerdings werden sie von der ins Frauenhaus integrierten nachgehenden Beratung stärker gewichtet, da sie sich nicht wesentlich von der Sozialarbeit im Frauenhaus unterscheiden.

In diesem Zusammenhang ergeben sich unter den Mitarbeiterinnen kontroverse Diskussionen über feministische Ansprüche und unterschiedliche Bewertungen der praktischen Sozialarbeit. Die Einschätzungen, inwiefern praktische Sozialarbeit den emanzipatorischen Zielen dienen kann, sind sehr gegensätzlich und

„reichen von einer kategorischen Verneinung, über eine pragmatische Akzeptierung bis hin zur ausdrücklichen Definition auch von praktischer Sozialarbeit als potentiell emanzipatorisch" (Brandau u.a. 1991. 131).

In der Praxis ergibt sich daraus häufig ein Widerspruch zwischen den Erwartungen und Wünschen der betroffenen Frauen und der Einschätzung der Mitarbeiterinnen über den emanzipatorischen Gehalt der Sozialarbeit. Während am Anfang der Frauenhausbewegung Mitarbeiterinnen selbstverständlich aktiv an der Organisation von Umzügen beteiligt waren, sehen sie heute solche körperlich anstrengenden Arbeiten nicht als ihre Aufgabe. Bei weniger aufwendigen praktischen Hilfen richten die Mitarbeiterinnen in der Regel ihr Engagement nach ihrer Einschätzung über die privaten Ressourcen der einzelnen Frau. Alle von Brandau u.a. befragten betroffenen Frauen betonten allerdings die Dringlichkeit der praktischen und handwerklichen Unterstützung.

5.2.2.2. Individuelle Beratung

In der nachgehenden Beratung füllen Einzelberatungen den größten Teil des Arbeitsvolumens. Besonders in der Zeit nach dem Frauenhausaufenthalt haben persönliche Einzelgespräche für die betroffenen Frauen eine elementare Bedeutung und im Gegensatz zum Frauenhausaufenthalt bestimmt jetzt die Frau selbst, ob, wann und wie oft sie eine Beratung möchte. Darüber hinaus hat die Beraterin nicht wie im Frauenhaus noch andere Mandate zu erfüllen, und kann sich deshalb ganz auf die einzelne Frau einstellen, was für ein gelungenes Vertrauensverhältnis förderlich ist. Die Gespräche beziehen sich auf die individuellen seelischen und materiellen Problemlagen der Frauen, nehmen aber manchmal schon therapeutische Qualitäten an, was über den konzeptionellen Rahmen der Hilfe zur Selbsthilfe hinausgeht und die Beraterinnen der befragten Stellen größtenteils überfordert.

„Grundlage ihrer besonderen Kompetenz sehen die Mitarbeiterinnen in ihrer Erfahrung in der Frauenhausarbeit, in ihrem parteilichen Engagement für Frauen und in der Verfügung über Fachkenntnisse, die für die Situation ehemaliger Frauenhausbewohnerinnen notwendig und wissenswert sind. Dennoch halten fast die Hälfte der Frauenhäuser, die sich dazu geäußert haben, und 80% der Beratungsstellen Kenntnisse in psychologischer Gesprächsführung für qualifizierte Einzelgespräche für wichtig" (Brandau u.a. 1991. 136).

Die Fachkenntnisse beinhalten zu einem großen Teil juristisches Wissen, das die Mitarbeiterinnen regelmäßig entsprechend der Änderungen von Gesetzen und ihren Auslegungen auffrischen müssen.

Im Rahmen der Einzelberatung werden teilweise auch Hausbesuche durchgeführt. Es scheint hier aber eine Diskrepanz zwischen Bedarf und Angebot zu bestehen, was vermutlich auf mangelnde Zeitkapazitäten zurückzuführen ist, da Hausbesuche einen hohen organisatorischen Aufwand erfordern. Die betroffenen Frauen fühlen sich oftmals in ihrer eigenen Wohnung sicherer, während der private Ort die eindeutige professionelle Position der Mitarbeiterin verwischt und ihr eher die Rolle einer Privatperson zuschreibt, was sich die Frauen häufig wünschen. Um ihre soziale Isolation zu überwinden, entsteht immer wieder der Wunsch nach privaten freundschaftlichen Kontakten zu den Mitarbeiterinnen, was diese nicht selten als Überforderung empfinden. Konflikte, die aus dem Problem der Privatisierung von Beratungsverhältnissen entstehen, kennen beide Organisationsformen der nachgehenden Beratung, da die Frauen nach dem Frauenhaus nicht mehr auch Teil der Gruppe der Bewohnerinnen sind.

5.2.2.3. Angebote im Freizeitbereich

Aus dem vielfach geäußerten Bedürfnis ehemaliger Frauenhausbewohnerinnen nach privaten Kontakten ergeben sich in der nachgehenden Beratung Gruppenangebote verschiedenster Art. Um die soziale Isolation und die bedrückende Ereignislosigkeit zu durchbrechen werden zahlreiche offene Angebote initiiert wie Ehemaligentreffen, gemeinsames Kaffee trinken, Sonntagsfrühstücke, jahreszeitliche Treffen, Stammtische, Kegelabende oder gemeinsame Kinobesuche. Manche Frauenhäuser und Beratungsstellen bieten selbst Freizeiten und Reisen an oder vermitteln Veranstaltungen anderer Einrichtungen. Informelle Gruppenangebote oder solche mit Freizeitcharakter scheinen die Frauen stärker anzusprechen als problemorientierte Gruppen, was nicht selten dem professionellen Selbstverständnis der Mitarbeiterinnen widerspricht. In ihren sozialpädagogisch geprägten Vorstellungen sollte eine Gruppe themenzentriert und problemorientiert auf Veränderungen der Frauen gerichtet sein. Dabei wird häufig der Wert eines informellen Unterstützungsangebotes unterschätzt. Die professionelle Hilfe kann sich in diesem Fall vermehrt auf die Unterstützung von Selbsthilfepotentialen der ehemaligen Bewohnerinnen richten.

„Insgesamt ist festzustellen, daß es eine genügend große Zahl ehemaliger Bewohnerinnen gibt, die über genügend organisatorische und kommunikative Fähigkeiten verfügen, um z.B. bei solchen Selbsthilfegruppen wie offenes Kaffee trinken und Freizeitunternehmungen mitarbeiten zu können, wenn sie von professionellen Mitarbeiterinnen unterstützt werden" (Brandau u.a. 1991. 146).

Dazu bieten die Mitarbeiterinnen Hilfe in den organisatorischen Angelegenheiten an. Es müssen Kontakte zu den Frauen hergestellt, Räume und parallele Kinderangebote organisiert werden. Darüber hinaus sind die Mitarbeiterinnen Ansprechpartnerinnen, wenn es Schwierigkeiten innerhalb der Gruppen oder persönlicher Art gibt.

5.2.2.4. Problemorientierte und themenzentrierte Angebote

Angebote von problemorientierten und themenbezogenen Gruppen in der nachgehenden Beratung haben das Ziel, die im Frauenhaus begonnenen Bewußtseinsprozesse fortzusetzen. Es werden dazu regelmäßige Gruppenabende angeboten, die sich thematisch auf die spezielle Situation der ehemaligen Frauenhausbewohnerinnen beziehen und deren Bewältigung erleichtern sollen. Überschneidungen mit sozialarbeiterischer Beratung und Psychotherapie sind dabei nicht auszuschließen, wenn Frauen verschiedene Unterstützungsangebote wahrnehmen.

Von den befragten Beratungsstellen wurden unter anderem folgende Themen für inhaltlich ausgerichtete Gruppenarbeit angegeben:

- Die Angst vor dem Alleinsein,

- die Zwiespältigkeit gegenüber dem Mann

- eine Stärkung der Durchsetzungsfähigkeit und der
  Selbstbehauptung im Umgang mit Privatpersonen sowie mit
  Personen in Institutionen,

- Erziehungsprobleme und die Rolle als alleinverantwortlich
  erziehende Mutter

- die Infragestellung traditionell weiblicher Verhaltensmuster,
  dies besonders in Beziehung zu Männern

- die Bearbeitung der Trauer über die Verluste, die mit der
Trennung einhergehen (Brandau u.a. 1991. 148).

Für die Mehrheit der Mitarbeiterinnen haben die psychologisch ausgerichteten
Gruppen eine große Bedeutung für ihr berufliches Selbstverständnis, da in ihren
Augen hier über die praktische Sozialarbeit hinaus wieder mehr professionelle
feministische Arbeit geleistet werden kann. Die betroffenen Frauen scheinen
daran jedoch weniger interessiert zu sein, zumindest in der ersten Zeit nach dem
Frauenhausaufenthalt. So werden von ihnen Freizeitgruppen mit der Intention,
den Problemen für kurze Zeit zu entkommen, attraktiver erlebt als Gruppen, die
das Problem selbst zum Thema machen. Die geringe Motivation der Frauen zu
themenzentrierten Gruppenangeboten wird auf diese Weise für die Mitarbeiterinnen immer wieder zur Quelle von Enttäuschungen. Auch wenn Angebote sich
auf die geäußerten Bedürfnisse der Frauen beziehen, ist das noch keine Garantie
dafür, daß dieselben Frauen auch daran teilnehmen. Möglicherweise läßt sich die
Problembewältigung von den Frauen nicht auf bestimmte Zeiten festlegen, wo-
durch eine beständige Verbindlichkeit zur Teilnahme an der Gruppe verhindert
werden kann. Eine größere Chance haben Angebote, wenn die Frauen vorher
persönlich dazu angesprochen werden. Durch ihren mehrfach verletzten Stolz in
der Mißhandlungsbeziehung, sind die Frauen häufig nicht in der Lage, ihre
Hilfsbedürftigkeit zu äußern und professionelle Hilfe in Anspruch zu nehmen.

5.2.2.5. Wohnprojekte

Es gibt die Möglichkeit, Frauenwohngemeinschaften als zweite Stufe des ge-
meinschaftlichen Wohnen nach dem Frauenhausaufenthalt anzubieten, um dem
Problem des Alleinlebens und der damit häufig verbundenen Isolation entgegenzuwirken. Derartige Projekte wurden vor allem in Berlin initiiert und sind inzwischen in acht weiteren Städten vorhanden. Die Wohngemeinschaften zeigen sich
immer wieder als sehr konfliktträchtige Wohnform, da die Frauen meist sehr
unterschiedliche Lebensstile haben und es immer wieder zu massiven Regelver-
letzungen kommt, wenn Frauen ihre Männer in der Wohngemeinschaft wohnen
lassen. Eine Alternative dazu ist der Erwerb eines ganzen Hauses mit verschieden Wohnungen, so daß jede Frau ihren eigenen Lebensbereich hat und trotzdem
nicht auf ein Gemeinschaftsleben verzichten muß. Meist scheitern solche Projekte jedoch schon an den äußeren Bedingungen der Finanzierung und der Kooperation mit Wohnbaugesellschaften und privaten Vermietern, oder es werden

nur qualitativ schlechte Wohnungen für die Projekte zur Verfügung gestellt oder es kommt zu einer Ghettoisierung der betroffenen Frauen in einem bestimmten Wohngebiet. Trotzdem wird die Initiierung von Wohnprojekten von vielen Frauenhäusern und Beratungsstellen als ein wichtiger Bestandteil der nachgehenden Beratung beurteilt.

5.2.2.6. Nachgehende Beratung für Kinder

Nur etwa ein Drittel der befragten Frauenhäuser und der Beratungsstellen, gibt an, daß spezielle Angebote für Kinder Bestandteil der nachgehenden Beratung sind. Meist bezieht sich das Angebot auf Kinderbetreuung und weniger auf eigenständige Beratungsangebote für Kinder, obwohl die Notwendigkeit dazu von den meisten Einrichtungen unumstritten ist. Gerade der Kinderbereich wird vielfach an Erziehungsberatungsstellen delegiert und erfordert von den Mitarbeiterinnen der nachgehenden Beratung intensives Bemühen um gute Kontakte zu den anderen Stellen, damit deren Mitarbeiterinnen für die besondere Problematik der Mißhandlung sensibilisiert werden können.

5.2.3. Kooperation mit anderen Institutionen

Die meisten Frauenhäuser und Beratungsstellen haben eine Vielzahl von Kontakten zu anderen Einrichtungen. Es ist anzunehmen,

> „daß in den vergangenen Jahren die Hilfestellungen für ehemalige Frauenhausbewohnerinnen nicht mehr ausschließlich der nachgehenden Beratung überlassen wurden, sondern daß sie sich auch auf andere Einrichtungen verteilt haben. Ebenso ist eine Kooperationsbereitschaft von Mitarbeiterinnen der nachgehenden Beratung erkennbar sowie eine zunehmende Sensibilität anderer Einrichtungen gegenüber der Problematik ehemaliger Bewohnerinnen zu vermuten" (Brandau u.a. 1991. 164).

Durch die Kooperation mit anderen Institutionen soll das Unterstützungsangebot für ehemalige Frauenhausbewohnerinnen erweitert und gleichzeitig gegenseitige Entlastung unter den Einrichtungen erreicht werden. Zu unterscheiden sind Kontakte, die sich notwendigerweise ergeben und solchen, die freiwillig entstehen. Bei erst genannten handelt es sich meist um Sozial- und Jugend-, Wohnungs- und Arbeitsämter. Hier scheinen auch die meisten Probleme in der Zusammenarbeit aufzutreten, am meisten mit den Sozialämtern, bei denen eine Unterstützung für ehemalige Frauenhausbewohnerinnen am stärksten vermißt wird. Als häufigsten Grund dafür wird mangelnde Sensibilität für die besondere Problemlage ehemaliger Bewohnerinnen genannt, aber auch die bürokratischen Arbeitsstrukturen in den Behörden stehen einer klientengerechten Arbeitsweise eher im Wege. Eine positive Zusammenarbeit hängt jedoch wesentlich von der Aufgeschlossenheit der jeweiligen MitarbeiterInnen auf den Ämtern ab. Einige der befragten Frauenhäuser erreichten eine effektive Zusammenarbeit mit den Jugendämtern, nachdem die zuständige Abteilungsleiterin die entscheidenden Voraussetzungen geschaffen hatte. Immer noch kann aber eine besondere Sensibilität im Umgang mit ehemals mißhandelten Frauen nicht vorausgesetzt werden und immer noch wird bei Sorgerechtsentscheidungen im Scheidungsverfahren zu oft den Schilderungen des Mannes geglaubt. Positive Beispiele einer gelungenen Kooperation zeigen aber,

> „daß unter Ausnutzung von Handlungsspielräumen ein engagierter und sensibler Umgang mit mißhandelten Frauen und der Einrichtung Frauenhaus möglich ist" (Brandau u.a. 1991. 174).

So können sich MitarbeiterInnen bei einer vorliegenden Gewaltproblematik durchaus parteilich im Sinne der Frauen verhalten, wenn diese nicht durch die Parteilichkeit für die Kinder relativiert werden muß.

> „Bei Entscheidungskonflikten in Stellungnahmen zum Sorgerecht ist es in den letzten Jahren zur gängigen Praxis geworden, sich mit den Mitarbeiterinnen des Frauenhauses abzusprechen und deren Einschätzung in die Entscheidung mit einzubeziehen. Diese Gespräche finden nur mit Einverständnis der betroffenen Frauen statt" (Brandau u.a. 1991. 173).

Es ist zu hoffen, daß Frauenhausmitarbeiterinnen vermehrt als Expertinnen bei Gewalt gegen Frauen anerkannt und ihre Einschätzungen der besonderen Situationen gefragt und berücksichtigt werden.

Die freiwillige Zusammenarbeit mit anderen Institutionen hängt wesentlich von den örtlichen Gegebenheiten ab und bezieht sich vor allem auf psychosoziale Hilfsangebote. Nicht alle Regionen verfügen über ein ausreichendes geeignetes Hilfsangebot für Frauen. Wenn möglich, kooperieren Mitarbeiterinnen der nachgehenden Beratung hauptsächlich mit Einrichtungen, die Angebote für alleinerziehende Frauen bieten, Gruppenangebote zum Thema Trennung oder auch Freizeitangebote machen. Ferner vermitteln sie gerne Frauen zu spezifischen Beratungsangeboten aus dem Bereich Weiterbildung und Umschulung. Unverzichtbar ist auch die Weitervermittlung an Beratungsstellen mit therapeutischen

Angeboten. Frauenspezifische Angebote bleiben allerdings überwiegend den Frauenberatungsstellen vorbehalten und sind dadurch wichtige Kontaktstellen für die Frauenhäuser, die keine eigene Beratungsstelle haben. Insgesamt wird festgestellt, daß die Bereitschaft der betroffenen Frauen,

> „überhaupt Angebote anderer Einrichtungen in Anspruch zu nehmen", größer ist, „wenn sie von Mitarbeiterinnen der nachgehenden Beratung über diese Angebote informiert und an diese weitervermittelt werden" (Brandau u.a. 1991. 180).

5.3. Nachgehende Beratung im Frauenhaus Lörrach
5.3.1. Das Einzugsgebiet des Frauenhauses in Lörrach

Im Jahr 1995 kam der überwiegende Teil der schutzsuchenden Frauen mit 48% aus dem Kreis Lörrach und mit 25% aus der Stadt Lörrach. Die restlichen 23% verteilten sich auf Frauen aus dem Kreis Waldshut, dem Kreis Breisgau-Hochschwarwald, der Stadt Freiburg und verschiedenen anderen Gebieten. Frauen, die aus Sicherheitsgründen von einem anderen Frauenhaus nach Lörrach kommen, bleiben oftmals nach Verlassen des Frauenhauses in der neuen Gegend. Die Besonderheiten des Landkreises Lörrach liegen in seiner Nähe zu den Grenzen nach Frankreich und der Schweiz und einem relativ hoch ausgeprägten Ungleichgewicht in der Bevölkerungsverteilung. Die 192000 EinwohnerInnen verteilen sich auf 42 Gemeinden und entsprechen einer durchschnittlichen Bevölkerungsdichte von 238 EinwohnerInnen/qkm, wobei starke Schwankungen zwischen den Zentren mit einer Dichte von über 2000 EinwohnerInnen/qkm und den ländlich, strukturell schwachen Gebieten mit einer Bevölkerungsdichte von z.T. unter 20 EinwohnerInnen/qkm auffallend sind. Dies führt dazu, daß die verschiedenen Städte des Landkreises als soziale, wirtschaftliche und kulturelle Zentren von den umliegenden Dörfern mit öffentlichen Verkehrsmitteln nur schlecht oder gar nicht erreichbar sind, jedoch manchmal noch über finanziell günstigeren Wohnraum verfügen. In der nachgehenden Beratung müssen diese strukturellen Gegebenheiten für die Situation der Frauen nach dem Frauenhausaufenthalt berücksichtigt werden. Inwieweit sie tatsächlich Einfluß auf ihre Situation haben, stellt sich möglicherweise in der Untersuchung heraus.

5.3.2. Entwicklung der nachgehenden Beratung

Die langjährige Mitarbeiterin, die ich zur Nachbetreuung befragt habe, erinnert sich an die monatlichen Treffen mit ehemaligen Frauenhausbewohnerinnen als unverbindliches Kontaktangebot bei Kaffee und Kuchen. Dahinter stand die Idee, sich untereinander und mit den Mitarbeiterinnen auszutauschen, Fragen stellen zu können oder einfach einen gemütlichen Nachmittag miteinander zu verbringen. Organisiert wurde das Treffen damals 1986 von den Frauenhausmitarbeiterinnen zusammen mit Vereinsfrauen, die überwiegend die Kinderbetreuung in Form von Bastelangeboten übernahmen.

> „Im Schnitt kommen zwischen 6 und 8 Frauen und 8 bis 12 Kinder. Der Sinn dieser monatlichen Treffen ist einmal die Freude, sich wiederzusehen, und vor allem die Möglichkeit, sich kennenzulernen. Diese Frauen haben das gleiche Schicksal, die gleichen Probleme. Vielleicht können sie sich gegenseitig helfen, vielleicht entsteht die eine oder andere freundschaftliche Beziehung" (Frauenhaus 1986. 21).

Die Nachbetreuung, wie sie zu der Zeit genannt wurde, hatte also das Ziel, die Selbsthilfe unter den Frauen zu ermöglichen, indem sie einen Ort zum Kennenlernen bereitstellte. Als besonders bedeutend für die ehemaligen Bewohnerinnen erwiesen sich schon damals ihre Beziehungen zu den Mitarbeiterinnen. Häufig kamen sie zu einem Besuch im Frauenhaus vorbei, was längerfristig nicht mehr mit dem Arbeitsalltag im Haus vereinbar war und deshalb durch die organisierten Treffen aufgefangen werden sollte. Günstig auf die Kontinuität dieser Treffen wirkte sich aus, daß eine Kerngruppe von Frauen jedes Mal dabei war und neue Frauen dazu kommen konnten[31]. So hat sich die Gruppenzusammensetzung allmählich verändern können.

Für die Treffen mußten geeignete Räumlichkeiten außerhalb des Frauenhauses gefunden werden, da die räumlichen Kapazitäten im Frauenhaus nicht ausreichten. Mit der Zeit bekam die Kinderbetreuung einen größeren Stellenwert und sollte in einem eigenen abgetrennten Raum stattfinden, um die Frauen wenigstens für zwei Stunden zu entlasten.

Frauen, die noch im Frauenhaus lebten, zeigten sich wenig daran interessiert, ehemalige Bewohnerinnen kennenzulernen und nahmen eher selten an den Treffen teil. Die Mitarbeiterin vermutet, daß diese noch zu stark mit ihrer augenblicklichen Problematik und Entscheidungsfindung beschäftigt waren und sich

---

31 Brandau u.a.(1991. 150) betont diese Voraussetzung auch als günstig für themenzentrierte Gruppen

noch nicht auf Neues einlassen konnten. Erst der Schock des Alleinseins nach dem Frauenhaus bewirkte die Kontaktsuche.

Als 1988 die drei Mitarbeiterinnen wechselten, kamen beinahe keine Nachtreffen mehr zustande:

> „Wir Mitarbeiterinnen saßen mit den derzeitigen Bewohnerinnen des Frauenhauses im Kommunikationszentrum und aßen enttäuscht den mitgebrachten Kuchen. Von den ʼEhemaligenʻ kam kaum jemand" (Frauenhaus 1988. 9).

Über eine Telefonaktion versuchten die neuen Mitarbeiterinnen die ehemaligen Bewohnerinnen zu aktivieren, jedoch waren viele nicht mehr erreichbar, weil sie umgezogen waren, andere hatten keine Lust mehr und diejenigen, die Interesse bekundet hatten, kamen dann auch nicht. Langer Atem von seiten der Mitarbeiterinnen hatte sich schlußendlich doch gelohnt, ein Grillfest und neue ansprechendere Räumlichkeiten hatten über dreißig Personen erreicht. Einige themenzentrierte Gruppenangebote fanden jedoch kaum Resonanz bei den Frauen.

Im Laufe der nächsten zwei Jahre stellte sich allerdings heraus, daß der Aufwand von Vorbereitung und Durchführung der Treffen in keinem angemessenen Verhältnis zur Nachfrage mehr stand und wurde deshalb zu jährlichen Treffen reduziert. Die Mitarbeiterinnen hatten sich andere Schwerpunkte in der Frauenhausarbeit gesetzt und weniger freie Kapazitäten, zumal die Zahl der ʼEhemaligenʻ ständig stieg und diese häufig das Frauenhaus sowieso aufsuchten.

Neben dem offenen Gruppenangebot hatten die Frauen immer auch die Möglichkeit zu einer Einzelberatung im Frauenhaus. Auch Hausbesuche waren früher keine Seltenheit, wurden aber nicht grundsätzlich, sondern nur im speziellen Einzelfall durchgeführt. Da die Mitarbeiterinnen damals noch zu zweit auf Hausbesuch gingen, um sich in der privaten Umgebung besser abgrenzen zu können, bedeutete dies immer einen enormen organisatorischen Aufwand.

5.3.3. Aktuelle Angebote der nachgehenden Beratung

Bei Verlassen des Frauenhauses wird den Frauen mitgeteilt, daß sie sich jederzeit an das Frauenhaus wenden können, wenn sie es brauchen. Für ein Beratungsgespräch muß ein Termin abgesprochen werden, bei dem dann herausgefunden werden soll, welche weiteren Hilfen möglich sind. Manches kann schon in einem Gespräch geklärt werden, für umfassendere Schwierigkeiten müssen Unterstützungsangebote bei anderen Institutionen gefunden werden Ein längeres intensives Beratungsverhältnis ist wegen mangelnden Kapazitäten im Frauen- haus nicht möglich.

Es gibt vereinzelte Frauen, die schon seit drei bis vier Jahren in großen Zeit- abständen ihre damalige Mitarbeiterin aufsuchen, wenn sie ein aktuelles Pro- blem haben, seien es nur Verständnisschwierigkeiten beim Ausfüllen von Un- terlagen. Die Kontaktaufnahme geht mehrheitlich von den betroffenen Frauen aus und wird in der Mehrzahl von Frauen angenommen, die sich getrennt haben. Diese Tatsachen stimmen mit Untersuchungen aus anderen Frauenhäusern über- ein. Die Struktur der Angebote ist auf die Eigeninitiative der Frauen ausgerich- tet. Ausnahmen bestehen, wenn eine Mitarbeiterin über eine ehemalige Bewoh- nerin von einer Frau erfährt, der es sehr schlecht geht und die Hilfe bräuchte. Dann versucht die Mitarbeiterin telefonisch oder schriftlich Kontakt zu der be- troffenen Frau aufzunehmen. In einer Kleinstadt wie Lörrach kommt es manch- mal vor, daß eine Mitarbeiterin einer ehemaligen Bewohnerin zufällig begegnet und dadurch wieder Kontakt zum Frauenhaus entsteht. Die meisten Kontakte be- stehen jedoch direkt nach dem Frauenhausaufenthalt.

Die Einschätzungen der Mitarbeiterin, warum von den Frauen, die zum Mann zurückgekehrt sind, so wenig bekannt ist, stimmen wiederum mit Ein- schätzungen anderer Frauenhäuser überein. Die Frauen empfinden eine zu große Scham, wenn sie zugeben müßten, daß ihre Hoffnungen gescheitert sind. Sie fühlen sich als Versagerinnen, und es ist ihnen peinlich, nochmals um Hilfe zu bitten. Erst wenn die Situation mit dem Mißhandler sich erneut zuspitzt, wenden sich die Frauen wieder an das Frauenhaus, aber dann in Form einer Wiederauf- nahme. Ein Kontaktsuche von seiten des Frauenhauses halten die Mitarbeiterin- nen für problematisch, da es die Frau verstärkt gefährden könne. Deshalb wer- den Briefe - z.B. Einladungen zu den Treffen - immer ohne Absender dorthin geschickt.

Über die Zusammenarbeit mit anderen Institutionen äußert sich meine Ge- sprächspartnerin eher zurückhaltend. Es seien einige Institutionen vorhanden, die den Frauen angemessene fachliche Hilfe bieten, eine parteiliche Arbeit, wie sie im Frauenhaus geleistet wird, gebe es aber sonst nirgends. Die Frauenbera- tungsstelle in Lörrach könnte die nachgehende Beratung auch nicht abdecken, da diese jetzt schon mit Beratungsterminen überlastet und finanziell völlig ungesi- chert ist. Auch liegt ihr Arbeitsschwerpunkt im Bereich sexuelle Gewalt. Des- halb sei es sinnvoll und in ihrem persönlichen Interesse, die Frauen ans Frauen- haus zu holen und zu stärken. Sie habe sich außerdem lange darum bemüht, in den verschiedenen Ortsteilen Informationen über andere soziale Netze wie Müttergruppen und Nachbarschaftstreffen zu erhalten. Meist sind die Frauen dann aber in andere Ortsteile gezogen oder es gab diese Einrichtungen zu einem späteren Zeitpunkt nicht mehr.

Da also die personellen Kapazitäten für ein ausreichendes Konzept zur nachgehenden Beratung nicht ausreichen, wird das Frauenhaus überwiegend von den Frauen aufgesucht, die durch einen relativ langen Aufenthalt so weit gestärkt sind, daß sie sich weitere Unterstützung holen können, wenn sie es brauchen. Häufig spüren sie aber die Überlastung der Mitarbeiterinnen und halten sich eher zurück. Manche Frauen wenden sich erst an andre Stellen, kehren dann aber frustriert doch wieder zum Frauenhaus zurück, andere versuchen es gar nicht erst bei anderen Institutionen, weil bei einer fremden Einrichtung die Hemmschwelle größer ist. Insgesamt kann davon ausgegangen, daß das momentane Angebot den Bedarf nicht abdeckt.

6. Die Untersuchungsmethoden

6.1. Ziel der Untersuchung

Bei der Literatursuche fiel mir auf, daß es bisher nur eine kleine Auswahl an Literatur aus dem Themenbereich 'Nach dem Frauenhaus' gibt. Deshalb schien es mir nicht überflüssig, dazu noch eine eigene Untersuchung zu starten. Ferner hielt ich es für reizvoll, diese auf das Lörracher Frauenhaus zu beziehen, da ich die bisherige Entwicklung des Frauenhauses teilweise begleitet und anfangs auch mitgestaltet habe. Meine praktischen Kenntnisse über Frauen und Mißhandlung bezogen sich überwiegend auf die Situation vor und im Frauenhaus. Da es sich beim Frauenhaus allerdings zum größten Teil um einen Ort der vorübergehenden Krisenintervention handelt, konnte ich mir nicht vorstellen, daß mit dem Verlassen des Frauenhauses die Probleme bewältigt sind. Ich wollte wissen, welche Schwierigkeiten ehemalige Frauenhausbewohnerinnen nach dem Frauenhausaufenthalt erwartet und wie ihre Situation verbessert werden könnte. Einerseits wollte ich anhand der vorhandenen Literatur überprüfen, welches die übereinstimmenden Merkmale der Situation betroffener Frauen nach dem Frauenhaus sind, und andererseits das spezifische der Situation ehemaliger Frauenhausbewohnerinnen in Lörrach herausfinden, wobei der Arbeitsweise des Frauenhauses dabei eine wichtige Rolle zukommt. Nach elf Jahren Frauenhaus schien es mir auch notwendig zu resümieren, inwieweit die bisherigen Kapazitäten des Frauenhauses noch ausreichen, um den Bedarf an Angeboten, Hilfsmaßnahmen und Unterstützungen abzudecken oder welche konkreten Verbesserungen vor Ort angestrebt werden müssen. Einen besonderen Augenmerk wollte ich hierbei auf die Situation der Frauen legen, die nach dem Frauenhaus wieder zu ihrem Partner zurückgekehrt waren, da hierüber am wenigsten bekannt ist.

Die Untersuchung teilte ich in zwei Phasen ein. Der erste Teil der Untersuchung bestand aus einer Fragebogenerhebung, die ich im zweiten Schritt durch qualitative Interviews mit betroffenen Frauen ergänzen wollte.

6.2. Die Fragebogenerhebung
6.2.1. Ziel der Erhebung

Meine Absicht war es, möglichst viele ehemalige Frauenhausbewohnerinnen zu erreichen und zwar auch solche, die keinen Kontakt mehr zum Frauenhaus haben. Darunter fallen überwiegend auch die Frauen, die nach dem Frauenhaus zu ihrem Partner zurückgekehrt sind. Zudem wollte ich den Frauen eine Chance geben, sich zu äußern, denen einiges am Frauenhaus nicht gefallen hatte oder die sich aus anderen Gründen nicht mehr im Frauenhaus gemeldet hatten. Wichtig dabei war es mir, herauszubekommen, in welcher aktuellen Situation sich die ehemaligen Frauenhausbewohnerinnen befinden, welche Erfahrungen sie mit dem Frauenhaus gemacht hatten, oder noch machten, und welche weiteren Bedürfnisse sie nach dem Verlassen des Frauenhauses gehabt hatten, für deren Deckung es keine Angebote gab bzw. gibt.

6.2.2. Der Fragebogen

Um eine möglichst hohe Rücklaufquote des Fragebogens zu erhalten, formulierte ich die Fragen absichtlich sehr einfach und bot überwiegend standardisierte Antwortmöglichkeiten. Ich wollte den Aufwand, der nötig ist, um den Fragebogen auszufüllen, möglichst gering halten, damit die Frauen nicht schon durch die Fülle der Fragen abgeschreckt würden, sich damit zu beschäftigen. Deshalb reduzierte ich die Anzahl der Fragen auf das Notwendigste und achtete bei der Gestaltung des Fragebogens auf eine relativ hohe Übersichtlichkeit. Entsprechend der Zielvorgabe sollte der Fragebogen folgende Themenbereiche beinhalten:

- Fragen zum Frauenhausaufenthalt
- Fragen zur Zeit nach dem Frauenhaus, insbesondere
  - zur Wohnsituation
  - zum Verhältnis zum Partner
  - zu Kontakten allgemein und zum Frauenhaus
  - zur Bewertung des Frauenhauses
  - zu praktischen und psycho-sozialen
    Unterstützungsangeboten
  - zum Einkommen
- Fragen zu demographischen Daten der Frauen

Die Fragen 1-3 sollten Aufschluß geben über die Häufigkeit der Frauenhausaufenthalte, über Aufenthaltsjahr und Aufenthaltsdauer. Dahinter stand für mich die Überlegung, ob Aufenthaltsdauer und -häufigkeit einen Einfluß auf die Entscheidung zur endgültigen Trennung vom Mann haben und inwiefern sie den weitergehenden Kontakt zum Frauenhaus beeinflussen.

Mit der Frage 4 wollte ich wissen, wohin die Frauen direkt nach dem Frauenhaus gegangen waren bzw. ob sie sich vom Partner getrennt hatten oder wieder zu ihm zurückgekehrt waren.

Frage 5 sollte Aufschluß geben über andauernde Bedrohungen auch nach dem Frauenhaus und von wem diese ausgingen. Hierbei ging ich von der These aus, daß mißhandelnde Männer ihre Frauen nicht so leicht aufgeben und mit allen Mitteln versuchen, sie zurückzugewinnen oder sie mit verstärkter Aggressivität weiterhin bedrohen. Gleichzeitig wollte ich feststellen, inwieweit sich die betroffenen Frauen wieder in neue ähnliche gewalttätige Beziehungen verstricken oder wie gewalttätig sie ihr soziales Umfeld empfinden.

Die Fragen 6 und 7 zielen auf Bewertungen des Frauenhauses vor und nach dem Aufenthalt und auf evtl. persönlichen Nutzen durch den Frauenhausaufenthalt. An dieser Frage waren vor allem Frauenhausmitarbeiterinnen interessiert, um ein Feedback ihrer Arbeitsqualität zu erhalten.

In den Fragen 8 bis 13 ging es um Einschätzungen über soziale Kontakte auf privater Ebene und zum Frauenhaus sowie um Unterstützungsmaßnahmen direkt nach dem Frauenhaus und später.

Mit diesen Fragen wollte ich herausbekommen, ob sich das persönliche Umfeld der betroffenen Frauen durch den Frauenhausaufenthalt verändert hatte und ob sich die Frauen sozial isoliert fühlten, wie es in der Literatur häufig beschrieben wird. Außerdem wollte ich wissen, wer die Frauen nach dem Frauenhausaufenthalt mit praktischer Hilfe unterstützt hatte und ob diese Hilfe ausreichend war.

Über die Fragen bezüglich des Kontaktes zum Frauenhaus wollte ich herausbekommen, wie stark das Bedürfnis der Frauen nach weitergehenden Ansprechpartnerinnen ist, ob sie die Initiative für diese Kontakte aufbringen können und wenn nicht, welche Gründe dafür bestehen.

Frage 13 sollte Auskunft geben über den Bedarf nach weiterführenden Angeboten durch das Frauenhaus oder andere Institutionen.

Über Frage 14 wollte ich Frauen finden, die zu einem vertiefenden Gespräch zu den o. g. Fragen bereit sind.

Die demographischen Daten aus den Fragen 15 bis 22 sollten Aufschluß geben über die aktuelle Lebenssituation der Frauen. Dies betrifft überwiegend ihre materielle Situation wie Einkommen und Wohnen sowie ihre beruflichen Möglichkeiten auf dem Arbeitsmarkt. Dabei spielen Staatsangehörigkeit, Alter Schulabschluß, Berufsausbildung sowie Anzahl und Alter der Kinder eine entscheidende Rolle. Interessant schien mir hier die Überlegung, inwieweit diese Faktoren die Entscheidung zur Trennung vom oder zur Rückkehr zum Mißhandler beeinflußten.

6.2.3. Zugang zu den Befragten

Eine Chance ehemalige Frauenhausbewohnerinnen zu erreichen, sah ich nur in der Zusammenarbeit mit den Frauenhausmitarbeiterinnen. Da ich durch mein Praktikum meinen Kontakt zum Frauenhaus noch verbessern konnte, sah ich darin kein Problem. Auch die Vereinsfrauen zeigten sich sehr interessiert an der Untersuchung und übernahmen die Portokosten für den Versand der Fragebögen.

Schwierigkeiten ergaben sich lediglich beim Zusammenstellen der Adressen der Frauen, zumal die Weitergabe der Adressen von betroffenen Frauen an Dritte laut Konzeption des Frauenhauses abgelehnt wird und sich die Frauenhausbewohnerinnen auch darauf verlassen können. Nach einigen Diskussionen mit den Mitarbeiterinnen und den Vereinsfrauen wurde der Konsens geschaffen, daß ich alle Fragebögen direkt vom Frauenhaus aus verschicken sollte, damit der Schutz der Adressen gewahrt blieb und nicht durch eine Unachtsamkeit in falsche Hände geraten konnte.

Da das Frauenhaus nur eine relativ aktuelle Adressenliste der ehemaligen Bewohnerinnen aus den letzten Jahren besitzt oder lediglich von denen, die noch regelmäßig Kontakt zum Frauenhaus haben, war das Risiko, in den alten Akten ungültige Adressen zu finden, sehr hoch. Aus diesem Grund habe ich mich bei der Auswahl der Adressen auf die Frauen beschränkt, die sich mindestens eine Woche im Frauenhaus aufgehalten hatten. Aus bisherigen Untersuchungen(Hanetseder 1992) ist außerdem bekannt, daß Frauen, die weniger als eine Woche im Frauenhaus waren, fast ausschließlich mit der Stabilisierung ihrer Krisensituation beschäftigt waren, so daß sie darüber hinausgehend kaum vom Frauenhaus profitieren konnten und deshalb weniger für eine Mitarbeit motiviert sind. Andererseits war von Frauen, die das Frauenhaus schon nach ein paar Tagen wieder verlassen hatten, oft nicht bekannt, wohin sie gegangen waren. Häufig hatten diese das Frauenhaus überstürzt verlassen oder waren einfach verschwunden.

Jedem Fragebogen legte ich einen Begleitbrief bei, indem ich mich selbst und meine Arbeit kurz vorstellte und anschließend den Zweck der Untersuchung darlegte. Ich hoffte damit möglichst viele Frauen zur Mitarbeit motivieren zu können. Wichtig war mir auch die Betonung, daß alle Angaben anonym behandelt und nicht weitergegeben werden. Ferner verwies ich auf meine Zusammenarbeit mit dem Frauenhaus. Ich überließ es den Frauen selbst, ob sie Name und Telefonnummer angeben wollten, damit ich sie evt. für ein weiterführendes Gespräch erreichen konnte. Dem Fragebogen mit Begleitbrief fügte ich einen Rükkumschlag mit der Frauenhausadresse bei.

6.3. Qualitative Interviews
6.3.1. Fragestellung

Ein besonderes Augenmerk wollte ich auf die Frauen legen, die nach dem Frauenhausaufenthalt wieder zum Partner zurück gekehrt waren. Ich wollte einerseits herausbekommen, welche Faktoren diesen Entschluß der Frauen beeinflussen und welche Hilfen das Frauenhaus diesen unter Umständen anbieten könnte, denn aus den bisherigen Untersuchungen in der Literatur wurde ersichtlich, daß über die Situation der Rückkehrerinnen noch zu wenig Wissen vorhanden ist. Aus diesem Grund wollte ich die quantitativen Ergebnisse des Fragebogens zumindest teilweise durch ein qualitatives Verfahren ergänzen und vertiefen, um zu kurz geratene Informationen und unklar gebliebene Themenkreise zu präzisieren.[32] Interessant schien mir die Frage nach den Gründen, die für die Rückkehr zum Partner und für das Ausharren beim Mißhandler ausschlaggebend waren. Ferner interessierte mich, welche Auswirkungen die Erfahrungen im Frauenhaus auf das weitere Leben der Frauen hatten, insbesondere auf das Verhältnis zum Mißhandler, egal ob es zu einer Trennung kam oder nicht. Auch über das Verhältnis zu anderen Menschen und zum Frauenhaus wollte ich mehr wissen. Über die Frage nach Wünschen und Vorstellungen für die Zukunft erhoffte ich mir, zusätzlich Aussagen zu Wertvorstellungen und weiblichem Selbstbild zu bekommen.

Bei der Ausarbeitung eines Leitfadens zur Befragung orientierte ich mich sehr an den jeweiligen Ergebnissen des beantworteten Fragebogens der einzelnen Frau und formulierte meine Fragen entsprechend der bereits vorhandenen

---

32vgl. Mayring 1990. 21

Informationen. Trotzdem versuchte ich die Fragen so offen wie möglich zu gestalten, um der Frau die Möglichkeit des freien Erzählens zu geben.

Folgende Fragestellungen hatte ich mir ausgearbeitet, von denen ich für jede Frau die passenden heraussuchte und entsprechend der Situation formulierte:

Interviewleitfaden

1. Vor dem Frauenhaus

Was war damals geschehen, als Sie (das erste, zweite, letzte Mal) ins Frauenhaus gingen?

Wie dachten Sie damals über das Frauenhaus und wie kamen Sie zu dieser Vorstellung?

Ist Ihnen dieser Schritt ins Frauenhaus schwer gefallen? War dieser zweite Schritt ins Frauenhaus anders, schwerer für Sie?

2. Im Frauenhaus

Welche Erfahrungen machten Sie im Frauenhaus, die Ihnen möglicherweise auch später nützlich waren?

Was war entscheidend für Ihren Entschluß, nicht mehr zum Mann zurückzukehren?

Wie sind Sie zu der Entscheidung gekommen, zu Ihrem Mann zurückzukehren, und wie fühlten Sie sich mit diesem Entschluß?

3. Nach dem Frauenhaus

Wie bewältigten Sie die erste Zeit nach dem Frauenhausaufenthalt? Bekamen Sie Unterstützung von anderen Menschen? Was hätten Sie sich mehr gewünscht?

Hat sich die Beziehung zu Ihrem Mann durch den Frauenhausaufenthalt verändert? Kommt es noch vor, daß Sie sich von Ihrem Mann bedroht fühlen? Wie

verhält er sich dann und was tun Sie dagegen? Sind Ihre Reaktionen auf die Bedrohung jetzt anders als vor dem Frauenhausaufenthalt?
Wie ist das Verhältnis zu Ihrem ehemaligen Partner? Bedroht er Sie noch? Wie reagieren Sie darauf?

Wie reagierten Freunde, Bekannte, Nachbarn und Verwandte auf die Gewalt ihres Mannes und dann auf die Trennung(auf die Trennungsversuche, auf ihre Rückkehr zum Mann)?

Wie sah der Kontakt zum Frauenhaus nach Ihrem Aufenthalt aus und wie ist er jetzt? Was genau hätten Sie sich vom Frauenhaus noch gewünscht? Was glauben Sie, könnte das Frauenhaus noch mehr tun für Frauen nach dem Frauenhaus? Wie, denken Sie, könnte das Frauenhaus die Frauen unterstützen, die zu ihrem Mann zurückkehren? Ist es Ihnen sehr schwer gefallen, sich nach Ihrer Rückkehr zum Mann wieder beim Frauenhaus zu melden?

Wie empfinden Sie ihre jetzige Situation?

Wie ist das Verhältnis zu Ihren Kindern(Ihrem Kind)?

Welche Vorstellungen und Wünsche haben Sie für Ihr weiteres Leben?

Über die Frage nach dem Verhältnis zu den Kindern wollte ich den Frauen zwischendurch das Erzählen etwas leichter machen, und trotzdem interessante Aussagen über ihre Situation erhalten, denn es fällt Frauen oft schwerer über sich selbst als über ihre Kinder zu sprechen.
Die Gespräche dauerten zwischen 45 und 70 Minuten.

6.3.2. Zugang zu den Befragten

Über die Fragebogenerhebung hoffte ich Frauen für ein vertiefendes qualitatives Interview gewinnen zu können, indem ich eine Frage stellte, mit der ich die Bereitschaft zu einem weiterführenden Gespräch über ihre Situation ermitteln wollte. Ich hatte die große Hoffnung, daß auch Frauen, die zum Partner zurückgekehrt waren, dazu bereit sind. Entsprechend meiner Intention suchte ich vier Frauen heraus, mit denen ich telefonischen Kontakt aufnahm. Zwei davon waren direkt nach dem Frauenhaus wieder zum Partner gegangen, die anderen beiden waren dreimal ins Frauenhaus geflüchtet, bis sie sich trennten. Von den beiden letztgenannten hatte die eine jedoch im Augenblick leider keine Zeit, so daß sie für mich nicht mehr in Frage kam. So entschloß ich mich, noch eine Frau zu interviewen, die sich nach dem Frauenhaus endgültig getrennt hatte, jedoch im Fragebogen angekreuzt hatte, daß sie sich nach über fünf Jahren seit der Trennung immer noch vom Partner bedroht fühlte. Diesen Aspekt der Folgen von Mißhandlungsbeziehungen wollte ich aufgrund der Ergebnisse aus der Fragebogenerhebung noch näher beleuchten.

Die persönliche Kontaktaufnahme zu den Frauen verlief außerordentlich problemlos, indem ich sie fast auf Anhieb telefonisch erreichte. Bis auf eine Frau hatten alle schon auf meinen Anruf gewartet, und es ließ sich innerhalb weniger Tage ein Gesprächstermin finden. Ich bot den Frauen an, sie zu Hause zu besuchen. Da alle außerhalb der Stadt Lörrach wohnen, war es ihnen so am angenehmsten. Die Voraussetzungen waren für alle Interviews dieselben, denn ich kannte keine der Frauen aus meiner Zeit im Frauenhaus. Somit war das Treffen zum Interview jeweils unsere erste Begegnung.

Um die Integrität jeder Frau zu wahren, möchte ich die einzelnen Frauen an dieser Stelle nur ganz kurz vorstellen:

Frau Z. war einmal für drei Monate im Frauenhaus, kehrte nach dem Frauenhausaufenthalt zu ihrem Mann zurück, um sich später endgültig von ihm zu trennen. Sie lebt allein mit ihren drei Kindern. Frau Z. hat keine Berufsausbildung und lebt von Sozialhilfe und eigener Erwerbstätigkeit.

Frau S. war einmal für vier Wochen im Frauenhaus und kehrte danach zu ihrem Ehemann zurück. Mit ihm und ihren drei Kindern lebt sie heute noch zusammen. Sie hat eine abgeschlossene Berufsausbildung und arbeitet halbtags.

Frau O. war dreimal im Frauenhaus und zog nach ihrem letzten Aufenthalt in ihre eigene Wohnung. Ihr Kind blieb beim Vater. Sie hat keine Ausbildung und lebt von Sozialhilfe und eigener Erwerbstätigkeit.

Frau U. hielt sich einmal acht Monate lang im Frauenhaus auf und lebt seither mit ihrem Kind allein in der eigenen Wohnung. Sie arbeitet in ihrem erlernten Beruf und lebt von ihrem eigenen Gehalt.

Alle vier Frauen haben die deutsche Staatsangehörigkeit.

7. Auswertung der Befragungen

7.1. Stichprobe

Von insgesamt 114 verschickten Fragebögen kamen 32 zurück an das Frauenhaus, weil Empfänger 'unbekannt verzogen' war. Folglich sind 82 Briefe bei den Frauen angekommen. Von diesen wurden 23 beantwortete Fragebögen ans Frauenhaus zurückgesandt. 59 Frauen hatten somit nicht auf mein Schreiben reagiert. Die Rücklaufquote liegt demnach mit 28% über einem Viertel der erreichten Frauen. Überwiegend wurden alle Fragen beantwortet, so daß wirklich jeder Fragebogen für die Auswertung brauchbar war. Manchmal wurde eine Frage durch eine eigene Antworten ergänzt, wenn diese Möglichkeit nicht unter den standardisierten Antworten gegeben war. Diese Ergänzungen konnte ich bei Frage 7 in der Auswertung berücksichtigen. Eine Frau legte ihrem Fragebogen sogar einen 14-seitigen Brief bei, den ich ebenfalls in der Auswertung mit einbeziehen konnte. Angeschrieben wurden Frauen, die sich zwischen 1988 und 1996 mindestens 8 Tage im Frauenhaus Lörrach aufgehalten hatten. Die Fragebogenerhebung fand im Zeitraum von September bis Oktober 1996 statt, die Interviews führte ich im November 1996 durch.

7.2. Ergebnisse
7.2.1 Auswertung der demographischen Daten der Fragebogenerhebung

Die Altersverteilung der beantworteten Fragebögen zeigt, daß mit 13 Frauen die meisten der Altersgruppe zwischen 31 und 45 Jahren angehören, wobei sich die restlichen 9 Frauen auf die drei anderen Altersgruppen verteilen. Davon sind 5 Frauen zwischen 18 und 30 Jahren, 2 Frauen zwischen 46 und 60 Jahren und 2 Frauen über 60 Jahren. Eine Frau machte keine Altersangabe.

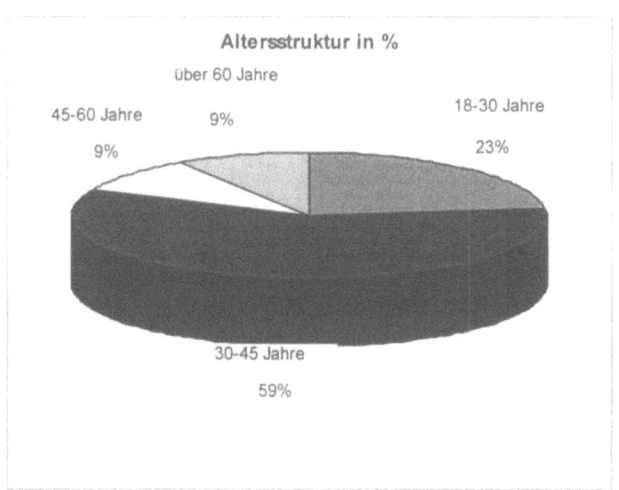

Altersstruktur in %

über 60 Jahre

45-60 Jahre   9%   18-30 Jahre

9%   23%

30-45 Jahre

59%

Diagramm 1

Ein Vergleich mit der Altersstruktur im Frauenhaus 1995 zeigt eine gewisse Abweichung zu den von mir ermittelten Ergebnissen. Dort waren die Altersgruppen zwischen 18 und 30 Jahren und 31 und 45 Jahren mit jeweils 46% gleich stark vertreten. Nur 8% der Frauen gehörte der Altersgruppe zwischen 46 und 60 Jahren an. Frauen über 60 Jahren sind nicht erfaßt oder waren nicht vertreten. Auch 1994 war die Altersstruktur innerhalb des Frauenhauses mit der von 1995 fast übereinstimmend (Frauenhaus 1995. 48).

Über die Frage nach dem Familienstand ergab sich, daß der größte Teil getrennt lebend oder geschieden ist und daß nur eine Minderheit verheiratet ist.

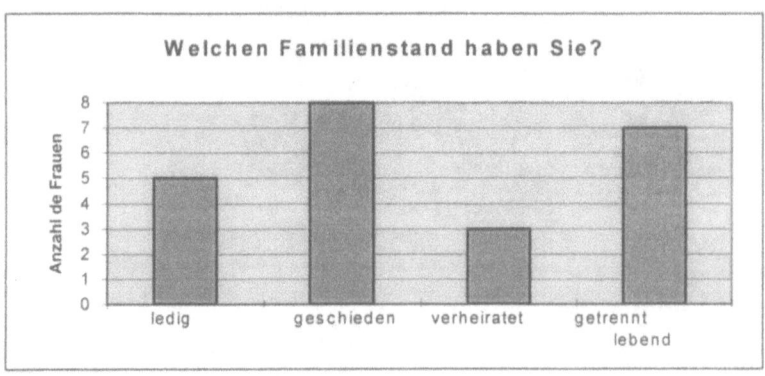

Diagramm 2

Zu den Angaben über die Staatsangehörigkeit fällt auf, daß die Nationalitäten-vielfalt, die innerhalb des Frauenhauses üblich ist, sich in den Ergebnissen meiner Untersuchung nicht widerspiegeln.

Welche Staatsangehörigkeit haben Sie?	
deutsch	21 Frauen
italienisch	1 Frau
türkisch	1 Frau

Tabelle 1

Im Frauenhaus suchten 1995 29 deutsche Frauen und 27 Frauen anderer Nationalitäten Zuflucht (Frauenhaus 1995. 47).

Die Frage nach dem Schulabschluß ergab, daß nur 3 Frauen keinen Abschluß haben, während 7 Frauen die Realschule und 4 Frauen das Gymnasium besuchten. 9 Frauen haben einen Hauptschulabschluß.

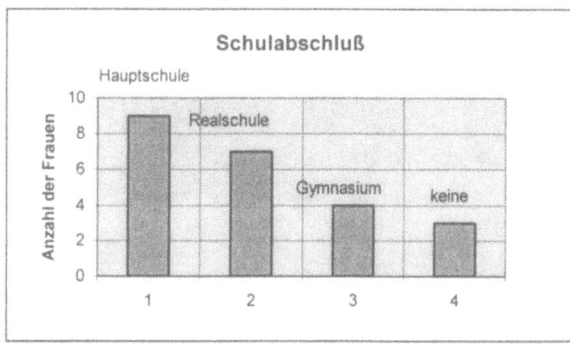

Diagramm 3

Über die Hälfte der befragten Frauen haben eine abgeschlossene Berufsausbildung. Nur eine Frau beantwortete diese Frage nicht.

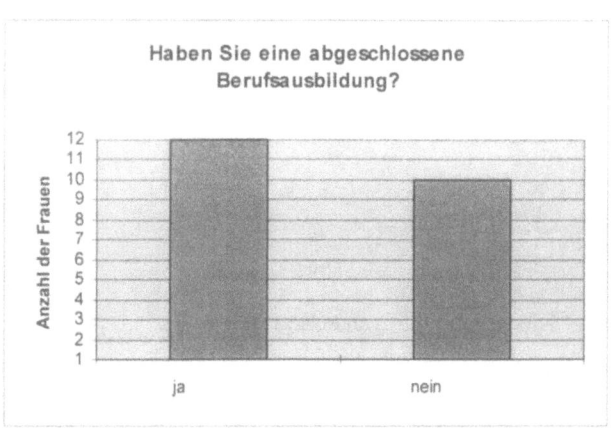

Diagramm 4

Bei der Frage nach der Anzahl der Kinder fällt auf, daß über ein Drittel der befragten Frauen 3 oder mehr Kinder hat. Laut statistischem Bundesamt von 1990 beträgt die durchschnittliche Kinderzahl 1,4, d.h. 20% der Bevölkerung sind ohne Kinder, 42% mit einem Kind, 29% mit zwei Kindern und 9% mit drei Kindern und mehr (Seminar: Recht und Familie. 23.10. 1995).

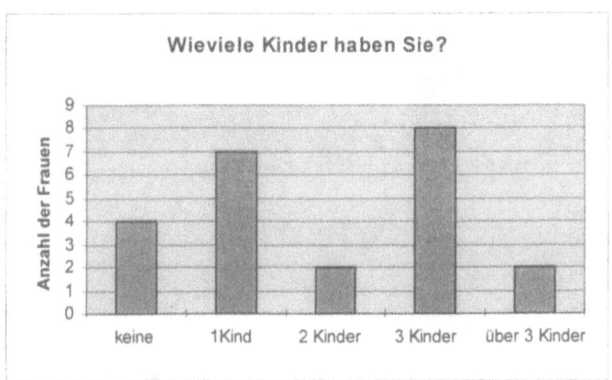

Diagramm 5

Im Frauenhaus Lörrach lag der Anteil der Frauen mit drei und mehr Kindern 1995 bei 23%.[33]

Zur Altersstruktur der Kinder gibt es folgende Ergebnisse.

---

33 vgl. Frauenhaus Lörrach 1995

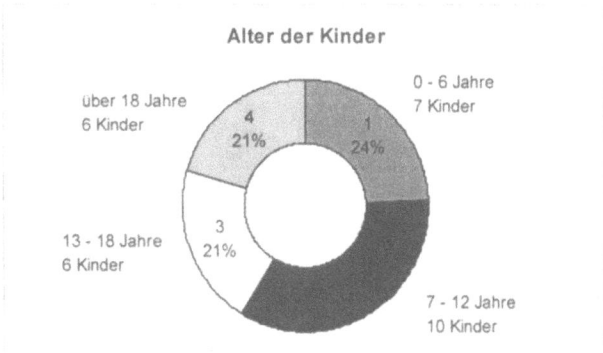

Diagramm 6

Im Vergleich zur Altersstruktur der Kinder im Frauenhaus 1995 weichen die Ergebnisse meiner Befragung stark ab, denn 57% der Kinder, die sich 1995 im Frauenhaus aufhielten, waren unter 6 Jahren, während nur 24% der Kinder der von mir befragten Frauen unter 7 Jahren sind. Innerhalb des Frauenhauses waren 21% der Kinder zwischen 6 und 10 Jahren und 21% waren älter als 10 Jahre (Frauenhaus 1995. 50).

Die Frage nach der aktuellen Wohnform beantworteten die Frauen folgendermaßen:

Wie leben Sie im Augenblick?	Anzahl der Frauen
allein	15
mit dem ehemaligen Partner	2
mit neuem Partner	5
in Wohngemeinschaft	1
sonstiges	0

Tabelle 2

Auffallend ist, daß der überwiegende Teil der Frauen alleine lebt. Nur fünf Frauen leben wieder mit einem Partner zusammen. Von den beiden Frauen, die mit dem ehemaligen Partner zusammenleben, ergab sich beim Studium der jeweiligen Fragebögen, daß eine Frau direkt nach dem Frauenhaus wieder zum Mann zurückgekehrt ist, während die andere nach dem Frauenhaus eine eigene Wohnung hatte. Diese Frau wollte anonym bleiben, so daß ich sie nicht näher befragen konnte.

Die Daten zum finanziellen Einkommen zeigen, daß fast alle Frauen von öffentlichen Geldern und/oder eigener Erwerbstätigkeit leben.

Beziehen Sie Einkünfte aus...?	Anzahl der Nennungen n = 23
Unterhalt des Ehemanns	1
Sozialhilfe	11
Unterhalt des neuen Partners	1
eigener Erwerbstätigkeit	11
Unterhalt des geschiedenen/getrennten Ehemanns	3
Unterhalt von anderen Verwandten	0
sonstiges	5

Tabelle 3

Der Punkt 'sonstiges' wurde von zwei Frauen erläutert. Bei ihnen handelt es sich um Rente und Arbeitslosenhilfe. Auffallend ist, daß nur 3 Frauen nach der Trennung vom Unterhalt ihres Ehemanns leben, dabei erhält eine Frau zusätzlich Sozialhilfe und sonstiges, eine andere noch Sozialhilfe und eine ist zusätzlich erwerbstätig. Keine Frau lebt demnach nach der Trennung ausschließlich vom Unterhalt des geschiedenen oder getrennten Ehemanns.

7.2.2. Diskussion der Ergebnisse unter Einbeziehung der qualitativen Interviews.

Die Ergebnisse bezüglich des Alters der befragten Frauen weichen sowohl von der Altersstruktur der Frauenhausbewohnerinnen in Lörrach als auch von anderen Untersuchungsergebnissen ab.

„...so stellt man fest, daß der überwiegende Teil der Frauenhausbewohnerinnen das fünfunddreißigste Lebensjahr noch nicht erreicht hat" (Krieger u.a. 1994. 85).

Mit meinem Ergebnis, daß 77% der Frauen über 31 Jahre alt sind, korreliert das Ergebnis zur Altersstruktur ihrer Kinder, die überwiegend älter sind als die Kinder, die sich im Frauenhaus aufgehalten hatten. Weshalb sich stärker die mittlere und ältere Altersgruppe bei der Erhebung beteiligt hat, lassen sich nur Vermutungen anstellen. Möglicherweise sind diese Frauen nicht mehr so stark durch kleine Kinder belastet und haben mehr Zeit und Interesse, sich mit anderen Dingen zu beschäftigen.

Die überdurchschnittlich hohe Repräsentanz der kinderreichen Familie (hiermit meine ich auch die Ein-Eltern-Familie) kann ich mir damit erklären, daß Frauen mit vielen Kindern die größten Probleme nach dem Frauenhaus zu bewältigen haben und deshalb an weitergehender Hilfe vom Frauenhaus besonders interessiert sind. Frau B. empfand ihre Situation mit drei Kindern außerhalb des Frauenhauses als äußerst schwierig und fühlte sich sehr benachteiligt.

„Es war halt so, daß ich schon öfters bei der Verwandtschaft war und das der Verwandtschaft langsam zum Hals raus hing, wenn man da immer mit den Kindern kommt......Es war, bevor wir hierher gezogen sind, habe ich gesagt, jetzt ist endgültig Schluß, jetzt suche ich mir eine Wohnung, aber mit drei Kindern ist man ja der letzte Dreck, net? Ich habe halt oft das Durchhaltevermögen nicht gehabt." (Frau S., S.1 und S.3). „Er hat Bekannte gehabt, wo er hin konnte lustiger weise...mich mit drei Kindern will niemand" (ebd. S.6).

Eine eindeutige Stigmatisierung der alleinerziehenden Frau mit vielen Kindern ist besonders auffallend bei der Wohnungssuche, zeigt sich aber auch schon im alltäglichen Leben und im Kontakt mit anderen Menschen. Die Untersuchung von Krieger u.a. ermittelte als häufigsten Ablehnungsgrund für eine Wohnung durch den Vermieter, wenn die Frau Kinder hat und alleinerziehend ist.[34]
Aus den Angaben zum Familienstand läßt sich vermuten, daß der Fragebogen weniger von Frauen beantwortet wurde, die zum Ehemann zurückgekehrt waren. Darauf möchte ich jedoch später genauer eingehen.

Was die Nationalitäten der Frauen betrifft, fiel mir schon bei der Adressenzusammenstellung auf, daß viele Frauen anderer Nationalitäten nicht mehr erreichbar sind, manche waren als Asylbewerberin hier und halten sich möglicherweise nicht mehr in Deutschland auf. Von einigen ist mir bekannt, daß sie kaum

---

34 vgl. Krieger u.a. 1994. 96

deutsch sprechen und den Fragebogen vermutlich nicht lesen konnten. Vielleicht sind auch unterschiedliche Wert- und Normvorstellungen Gründe dafür, daß der Sinn des Fragebogens nicht für alle Frauen klar wurde.

Die These und häufige Meinung der Bevölkerung, nur Frauen aus sozialen Randgruppen und der so genannten Unterschicht suchten im Frauenhaus Zuflucht, wird durch meine Untersuchung nicht bestätigt. Fast die Hälfte der befragten Frauen hat einen mittleren oder höheren Schulabschluß. In der Untersuchung von Krieger u.a. liegt dieser Anteil nur etwa bei einem Viertel der befragten Frauen. Dagegen unterscheiden sich die Ergebnisse zur Berufsausbildung nicht wesentlich. Es ließe sich nun daraus schließen, daß eher Frauen mit höherem Bildungsniveau den Fragebogen ausgefüllt haben, es zeigt sich aber auch, daß eben doch Frauen aus allen Schichten das Frauenhaus aufsuchen, worauf die autonomen Frauenhäuser immer wieder hinweisen. Lediglich über die Anteile der jeweiligen schichtspezifischen Zugehörigkeit läßt sich daraus keine zuverlässige Aussage machen.

Die These zur schlechten Erreichbarkeit der Frauen, die zum Mißhandler zurückkehren, wird durch die Angaben zur aktuellen Wohnform bestätigt.[35] Das Verhältnis der Zahlen von den Frauen, die allein leben und denen, die mit neuem Partner leben, läßt zwei unterschiedliche Vermutungen zu. Möglicherweise wollen sich viele Frauen nach den demütigenden Gewalterfahrungen nicht oder noch nicht wieder auf einen Mann einlassen oder wollen zumindest nicht ihren eigenen Lebensstil aufgeben.

> „Ich habe meinen Lebensrhythmus wieder gefunden. Bin eigentlich zufrieden, wie es jetzt läuft, solange mich die Männer in Ruhe lassen....Ich glaube, ich könnte keinen mehr vertragen" (Frau U., S.9).

Andere wiederum sehnen sich einerseits nach einer Beziehung, wollen aber ihre Selbständigkeit nicht wieder aufgeben.

> „Ich bin jetzt schon drei Jahre allein, ich würde jetzt schon wieder gern, weißt du, jemand haben, wäre schon schön, daß man weiß, es ist jemand da. Ich bin auch schon in der Küche gehockt und hab geplärrt, weil ich mich so einsam fühle, ich hätte schon gern wieder jemand. Lose Kontakte habe ich genug, aber miteinander einschlafen und zusammen aufwachen, das habe ich halt nicht...Er soll auf jeden Fall schon ehrlich und zuverlässig sein. Nicht so, daß er sagt, er kommt gleich, und kommt nicht und so. Ich möchte nicht ausgenutzt werden. Das mit der Eifersucht, das versteh ich noch, daß einer eifersüchtig werden könnte. Aber nicht so, daß ich

---

35 vgl. Brandau u.a. 1991

nicht mehr allein fort kann zum Tanzen...Letztes Jahr habe ich jemand kennengelernt, aber das war nichts, den hat das genervt, daß ich selbständig sage, am Freitag ist mein Tag, ich muß raus, ich gehe tanzen. Ich lasse mir nichts mehr gefallen" (Frau Z., S.9/10).

Bei diesem Interview bekam ich den Eindruck, daß es schwierig ist einen Mann zu finden, der eine selbständige Frau akzeptiert. Es scheint bei den Männern die grundlegende Ansicht vorzuherrschen, daß Männer Frauen kontrollieren und bevormunden dürfen. Den Widerspruch zwischen Autonomie und Liebesbedürfnis hat schon Brückner ausführlich beschrieben.[36]

Andererseits, vermute ich, lassen sich viele Frauen eben doch wieder auf eine Beziehung zu einem Mann ein und geben damit häufig ein Stück ihrer Autonomie auf. Dieser Konflikt könnte durch die Konfrontation mit dem Frauenhaus für die Frauen unerträglich werden.[37] Deshalb kann es also auch sein, daß sich eher die Frauen an der Erhebung beteiligt haben, die alleine leben.

Die These von Terlinden, Krieger u.a. zur sozio-ökonomischen Situation der ehemaligen Frauenhausbewohnerinnen, die anschließend an den Frauenhausaufenthalt in eine eigene Wohnung ziehen, wird durch die Ergebnisse meiner Befragung bestätigt. Materielle Unabhängigkeit vom Partner scheint demnach eine Trennung zu erleichtern, ob das Einkommen aus öffentlichen Geldern oder eigener Erwerbstätigkeit kommt, ist dabei vordergründig nicht entscheidend. Trotzdem bedeutet der Gang auf das Sozialamt für die Frauen größtenteils eine Demütigung.

„Und dann zu wissen, du mußt wieder auf das Sozialamt, wieder betteln, was anderes ist es ja unterm Strich nicht. Es heißt zwar, es steht dir zu, aber du kommst dir trotzdem bescheuert dabei vor...Du kommst dir minderwertig vor in dem Moment. Es ist eine Abstufung, meiner Meinung nach. - Also für mich persönlich gesehen" (Frau O., S.4).

Diese und andere Aussagen der von mir befragten Frauen bestätigen die Ergebnisse aus anderen Untersuchungen. (Brandau, Terlinden, Krieger). Eine Berufstätigkeit wird von den meisten Frauen angestrebt, jedoch sind die erschwerten Bedingungen für Frauen auf dem Arbeitsmarkt ja nur zu bekannt. Häufig sind sie zusätzlich noch mit einem Berg Schulden aus der Zeit der Ehe belastet.

---

36 vgl. Brückner 1987. 183
37 vgl. Brandau u.a. 1991. 110

„Die Miete zahlt im Moment noch das Sozialamt, weil er kein Unterhalt zahlt. Eben ich sollte dringend eine Vollzeitbeschäftigung haben...Ich habe auch keine Ausbildung. Da war mein Stiefvater damals dagegen. Dann bist du halt gleich in die Gastronomie gegangen" (Frau O., S.2).

„...außerdem ich bin froh, daß ich in meinem Alter überhaupt noch in einen Job reingerutscht bin. Das ist ja mit 40 auch nicht mehr so leicht...Man findet selten solche Chefs, die das tolerieren, wenn der Kleine anruft, Mama komm sofort heim...Ich sehe das einfach so, daß mein Ex-mann mir mein Leben zerstört hat, sehe ich wirklich, sehe ich finanziell, ich habe noch einen Haufen Schulden am Hals durch ihn, wo also auch hier schon der Gerichtsvollzieher gekommen ist. Ich werde mich beruflich nie mehr so etablieren können, wie es vorher gewesen ist" (Frau U., S.5/10/11).

7.2.3. Auswertung der Fragen zum Erleben der Zeit im Frauenhaus und danach

Nur zwei Frauen hatten mehr als einmal im Frauenhaus Zuflucht gesucht.

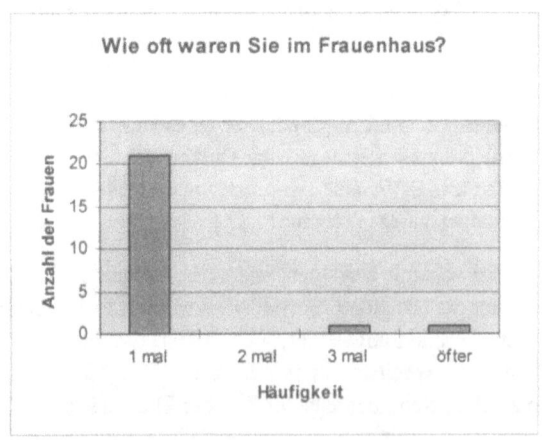

Diagramm 7

Aus den vier Interviews und dem Brief einer befragten Frau erfuhr ich, daß alle bis auf eine Frau vor ihrem Frauenhausaufenthalt schon mehrmalige Trennungsversuche unternommen hatten.

Der Aufenthaltszeitraum der befragten Frauen verteilt sich auf die Jahre 1988 bis 1996. Auffällig ist, daß sich niemand aus dem Jahr 1990 gemeldet hat, dagegen sechs Frauen, die 1991 im Frauenhaus waren. 1988, 1992 und 1994 war es jeweils eine Frau, 1993 und 1996 waren es jeweils 5 Frauen, 1992 und 1995 zwei Frauen.

Diagramm 8

Der Aufenthaltsdauer der befragten Frauen im Frauenhaus habe ich zum Vergleich die Aufenthaltsdauer aller Frauen, die sich 1995 im Frauenhaus aufgehalten hatten, beigefügt.[38]

38 vgl. Frauenhaus Lörrach 1995. 46

85

Aufenthaltsdauer im Frauenhaus
beim letzten Mal (1988-1996)   1995 gesamt

1 Nacht			15	Frauen
2 - 7 Nächte	0	Frauen	14	Frauen
8 - 14 Nächte	1	Frauen	8	Frauen
15 -30 Nächte	2	Frauen	7	Frauen
1 - 3 Monate	6	Frauen	6	Frauen
4 - 6 Monate	5	Frauen	5	Frauen
länger	9	Frauen	1	Frauen

Tabelle 4

Beim Vergleich der beiden Tabellen fällt auf, daß die Zahlen in einem umge-
kehrten Verhältnis zu einander stehen, d.h. die Aufenthaltsdauer der meisten von
mir befragten Frauen betrug mehr als einen Monat, während die Mehrheit der
Frauenhausbewohnerinnen von 1995 kürzer als einen Monat im Frauenhaus
verweilte.

Die Frage, wohin die Frauen nach dem Frauenhaus gegangen waren, wurde wie
folgt beantwortet.

Sind Sie nach dem Frauen-haus.....?	Anzahl der Frauen
zurück zum Partner in die gemeinsame Wohnung	3
in die eigene Wohnung	16
in die gemeinsame Wohnung, die der Partner verlassen hat	0
zu einer Freundin	0
zu einem neuen Partner	1
zu Verwandten	0
sonstiges	3

Tabelle 5

Von den Frauen, die 'sonstiges` angegeben haben, ist eine Frau zur Kur, hatte
aber schon ihre eigene Wohnung, eine andere Frau kam bei einem Freund unter.
Auffallend ist, daß die meisten Frauen nach dem Frauenhaus in die eigene Woh-

nung gegangen sind. Die Statistik des Frauenhauses ergibt ganz andere Zahlen. Danach haben sich 1995 nur 39% vom Mißhandler getrennt, 48% sind zu ihm zurückgekehrt.

„...in den letzten Jahren war die Anzahl der Frauen, die sich vom Mißhandler getrennt haben, leicht geringer, als die der Frauen, die zum früheren Partner zurückgegangen sind" (Frauenhaus Lörrach 1995. 57).

Die nächste Frage ergab, daß sich über die Hälfte der befragten Frauen heute noch bedroht fühlt, 5 davon manchmal, eine häufig und 6 Frauen selten. 10 Frauen fühlen sich nie bedroht. Eine Frau antwortete nicht in der vorgegebenen Kategorie, sondern ergänzte, daß sie sich im Augenblick nicht bedroht fühlt.

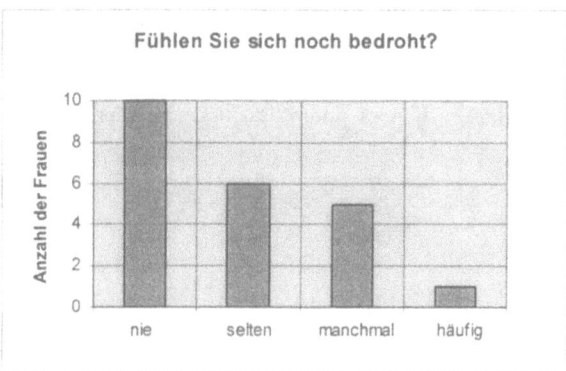

Diagramm 9

Bei der detaillierteren Auswertung fand ich heraus, daß die Frauen, die sich noch bedroht fühlen, nicht etwa alle erst kürzlich das Frauenhaus verlassen hatten, sondern daß bis zu 7 Jahren dazwischen liegen. Die Frauen, die sich noch manchmal bedroht fühlen, waren 1989, 1991, 1993, 1995 und 1996 im Frauenhaus.

Eindeutig fühlen sich bis auf eine Frau alle Frauen noch von ihren ehemaligen Partnern bedroht. Eine Frau wird von ihrem Sohn bedroht.

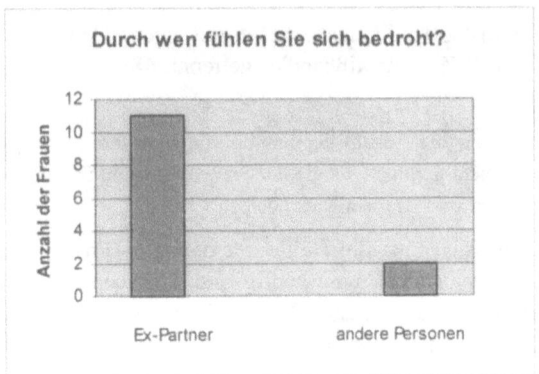

Diagramm 10

Die Frage nach dem persönlichen Nutzen durch das Frauenhaus beantworteten alle Frauen mit ja.

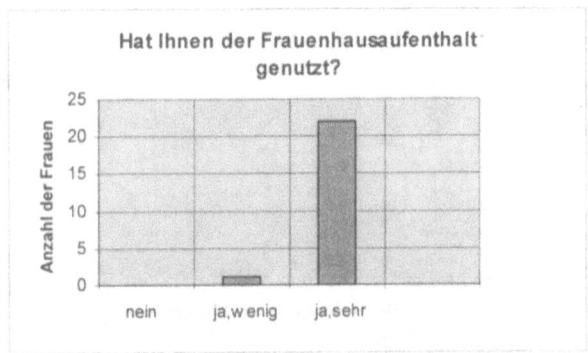

Diagramm 11

Zu der Frage, inwiefern sie einen Nutzen aus dem Frauenhaus zogen, war keine standardisierte Antwort vorgegeben. Es wurden folgende eigene Antworten gegeben:

- Ich denke an mich, ich habe mich positiv verändert
- Es war eine Erfahrung für mich, nur Hygiene und
  Sauberkeit läßt zu wünschen übrig
- Ich habe Loslassen gelernt, auch praktische Dinge

(z.B. Bohrmaschine benutzen) und ich habe gelernt, an
mein Glück und an mich zu denken
- Selbständigkeit entwickelt
- Ich konnte mich innerlich beruhigen
- Es war ein Anfang
- Schutz und etwas innere Ruhe
- Schutz und Anonymität
- Mehr Selbstbewußtsein, ich kann mich wehren, die
Situation verändern
- Selbständigkeit, Toleranz
- keine Schläge mehr
- wurde selbständiger
- Selbständigkeit
- Selbstbewußter
- Schutz. Wie eine Familie
- Wohnmöglichkeit
- Ich wurde selbstbewußter
- Ich habe eine Wohnung bekommen
- Selbstvertrauen
- Ich habe gesehen, daß ich nicht allein bin

Zwei Frauen beantworteten diese Frage nicht, eine Frau schrieb dazu in ihrem
Brief, in dem sie einige der o.g. Aspekte nannte.
5 Frauen gaben an, Selbständigkeit gelernt zu haben, 6 mal wurde die Kategorie
Selbstbewußtsein/Selbstvertrauen angegeben. Die Kategorie Schutz wurde 3 mal
erwähnt.

Die Beurteilung des Frauenhauses hat sich eindeutig mit dem
Frauenhausaufenthalt der Frauen verändert.

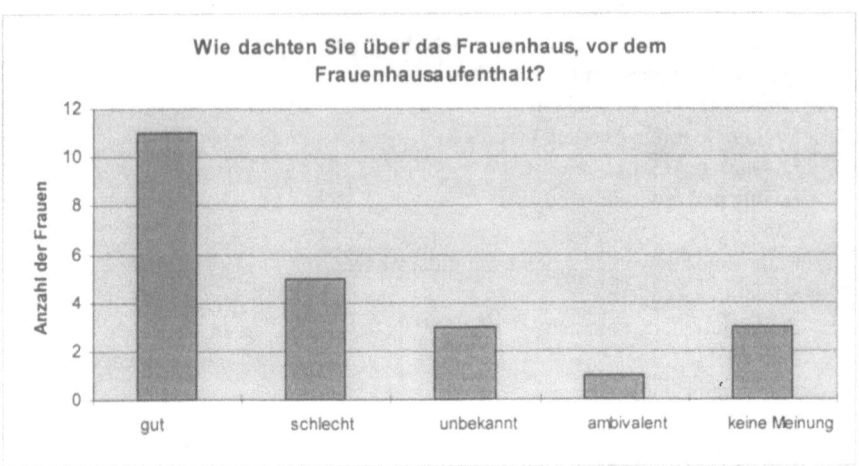

Diagramm 12

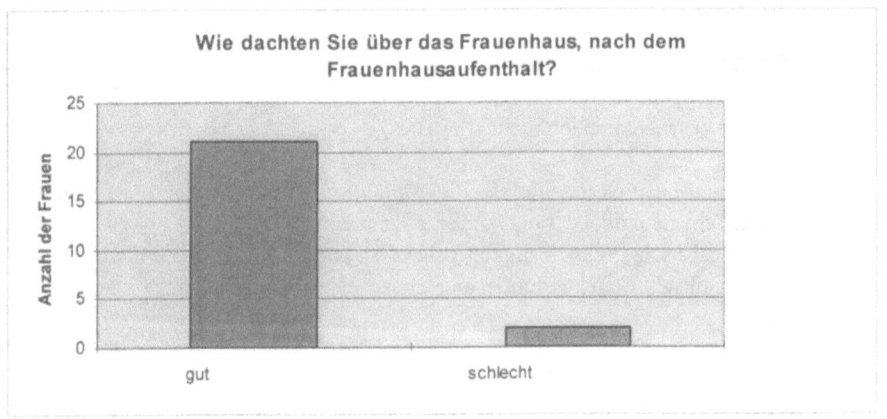

Diagramm 13

Während noch vor dem Frauenhausaufenthalt nur knapp die Hälfte der Frauen das Frauenhaus mit gut beurteilte, waren es nach dem Frauenhaus alle bis auf zwei Frauen.

Bis auf eine Frau würden alle Frauen wieder ins Frauenhaus gehen, wenn sie es bräuchten.

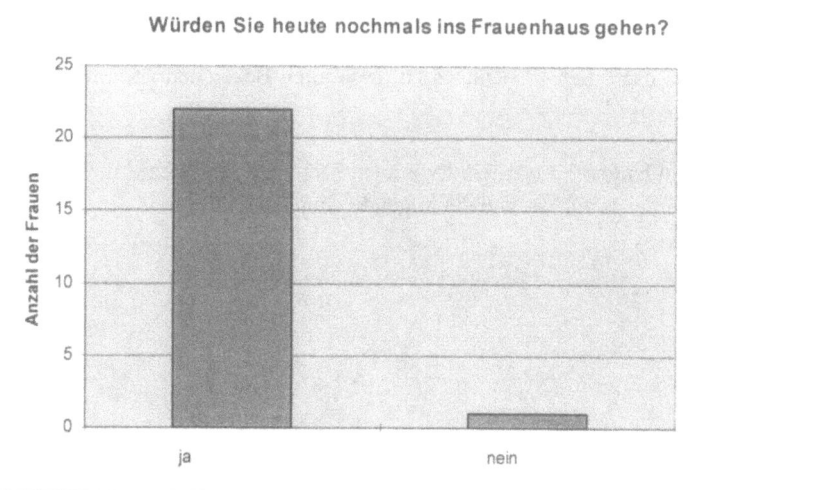

Diagramm 14

Über die Frage nach dem Bekanntenkreis wollte ich herausfinden, welche Auswirkungen die Mißhandlung und der Frauenhausaufenthalt auf das soziale Leben
der Frauen hat.

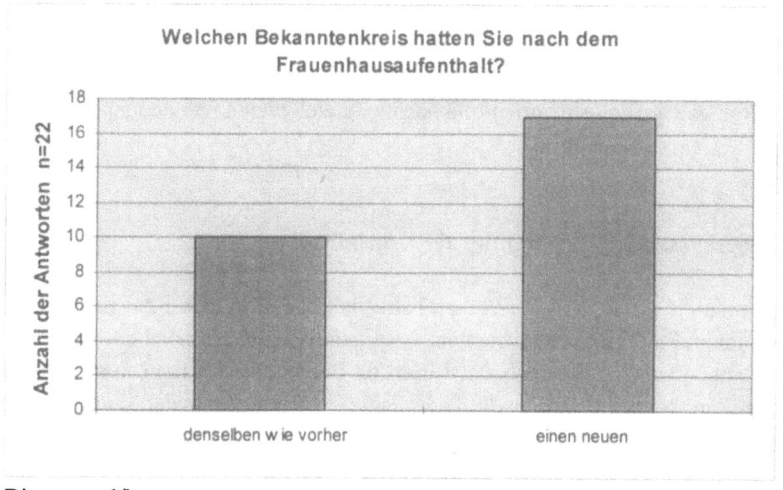

Diagramm 15

17 mal wurde von den Frauen angegeben, daß sie einen neuen Bekanntenkreis hatten, nur 10 mal hatten die Frauen den alten Bekanntenkreis behalten. Manche Frauen haben nach dem Frauenhaus zu ihren alten Bekannten noch neue dazu gewonnen.

Auf jeden Fall hatte die Mehrheit der Frauen nach dem Frauenhaus mehr Freunde und Bekannte als vorher, wie die folgende Graphik zeigt.

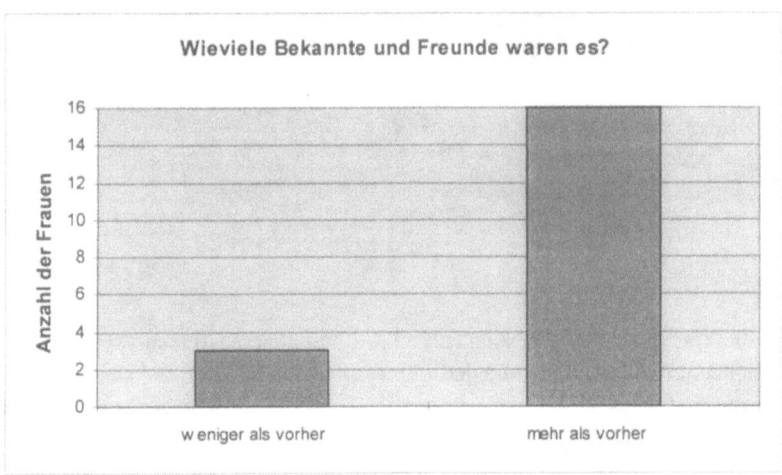

Diagramm 16

Eine Frau gab an, daß sie vorher und nachher gleich viele Freunde und Bekannte hatte.

7.2.4. Diskussion und Vertiefung der Ergebnisse

Wenn man die große Zahl der Frauen betrachtet, die nach dem Frauenhaus wieder zu ihrem Partner zurück gehen, ist es erstaunlich, daß nur zwei der befragten Frauen mehrmals im Frauenhaus waren, da überwiegend davon ausgegangen werden kann, daß die Mißhandlungen nicht aufhörten. Entweder sind es nicht viele Frauen, die mehrmals ins Frauenhaus gehen, oder es war den Frauen peinlich zuzugeben, daß sie mehrere Anläufe brauchten, bis sie etwas verändern konnten. Vermutlich kommen beide Gründe für die Ergebnisse hier in Frage.

„Es war, für mich war es schwierig. Sich selbst eine Niederlage einzuge-
stehen ist eine Sache, aber anderen gegenüber finde ich es halt noch viel
schlimmer" (Frau O., S.4).

Frau O. sagte mir nach dem Interview noch, daß sie es nur geschafft habe, wieder ins Frauenhaus zu gehen, weil sie wußte, daß noch dieselben Mitarbeiterinnen dort waren, denen sie vertraute.

„Für mich war das dann, wenn ich wieder zurückgegangen bin, das war ja
nicht das erste mal, und nachher saß ich wieder drin, das ist dann so deprimierend und entmutigend. Und dann sagst du dir, ha ja, da bist du sel-
ber Schuld, so weit war ich dann auch schon. Ich glaube, die
(Mitarbeiterinnen im Frauenhaus, Anm. d. Verf.) haben damals auch gesagt, wollen sie wirklich, meinen sie, das ist gut oder so? Ich denke schon,
daß sie mich ein wenig gewarnt haben, bevor ich gegangen bin. Meinen
sie, das ist wirklich richtig? Und wenn man dann doch wieder geht und
muß wieder kommen, ja, sie haben recht gehabt, das ist dann ein bißchen
deprimierend" (Frau S., S.8).

Die Aussagen aus den Interviews drücken deutlich Peinlichkeit, Versagens- und
Schuldgefühle aus, was mit Sicherheit einen zweiten Schritt ins Frauenhaus
schwieriger macht. Ich schätze, daß dies u.a. auch ein Grund dafür ist, daß sich
nur drei Frauen bei mir gemeldet haben, die zum Partner zurückgegangen waren.
Auf die spezielle Situation der Rückkehrerinnen komme ich später noch zurück.
Auffallend ist zudem, daß keine Frau über eine Wohnungszuweisung in die frü-
here gemeinsame Wohnung zurückgekehrt ist, obwohl die Möglichkeit eines
Antrags auf Wohnungszuweisung aus rechtlicher Sicht her besteht. Ich habe bereits in meinem Literaturteil[39] auf die Schwierigkeiten und Hindernisse hingewiesen, die auf eine Frau zukommen, wenn sie ihren Anspruch auf die gemeinsame Wohnung juristisch durchsetzen will. Frau S. erzählte mir von ihren Erfahrungen dazu.

„Ich war halt dann mit dem festen Entschluß, jetzt ist Schluß, und ich bin
dann auch gleich zur Rechtsanwältin,.....die hat mir dann auch ganz gute
Aussichten gemacht, daß er raus muß.....Ich wollte ihn rausbringen aus
dem Haus, was ich einfach mehr oder weniger als richtig empfand und sie
hat mir gute Hoffnungen gemacht...Sie sagt, man braucht dann Zeu-
gen.....da habe ich gedacht, die Nachbarin, die hat das vielleicht gehört,
oder so, weil es ist ja recht hellhörig. Dann habe ich die aber angerufen, ja,

---

39 vgl. Kap. 4 1.1.

ja, sie wäre nicht da gewesen, obwohl die schon oft was mitgekriegt, die wollte vielleicht, also ich weiß nicht, heute noch nicht, was war. Sie wollte halt nicht.....Und was ich damals so schlimm fand, mein Mann hat der Rechtsanwältin dann auch einen Brief geschrieben, irgendwie einen total wunderbaren Brief, was er für ein armer Mann ist, ich hatte das Gefühl, die Frau ist jetzt total ausgewechselt und steht jetzt auf der Seite von meinem Mann. Dann war ich ganz fertig,.....Plötzlich sah es so aus, als könnte ich nicht viel machen, entweder ganz raus, aber das wollte ich eigentlich nicht, oder er zieht in den Keller" (Frau S., S.4).

Besonders drastisch beschreibt Frau S. hier die Reaktionen ihrer Umwelt und bestätigt damit die feministische These, daß Männern eher geglaubt wird als Frauen und daß andere Menschen meistens nichts mit 'privaten Streitigkeiten' zu tun haben wollen. Häufig wird in Wohnungszuweisungsverfahren immer noch gleichmäßig abgewogen, ohne daß die Dynamik häuslicher Gewalt ausreichend berücksichtigt wird.[40] Häufig wird nach einem Kompromiß gesucht und eine Trennung innerhalb des Hauses vorgeschlagen, was wohl kaum dem Schutze der Frauen dient.

Frau S. ließ sich für das erste auf eine Trennung innerhalb des Hauses ein, setzte aber später den Anspruch auf Wohnungszuweisung für sich und die Kinder doch noch durch.

„Das finde ich schon,.....daß die Männer raus müssen, die Verursacher und nicht die Frauen und Kinder. Das hat mir unheimlich gut getan, daß wir das durchgekriegt haben, auch von meinem Gerechtigkeitsgefühl. Das hat mir schon sehr gut getan, weil man kommt sich ja total hilflos und verlassen vor und bedroht" (Frau S., S.9).

Das erschütterte Selbstwertgefühl der mißhandelten Frauen kann demnach nicht nur vom Frauenhaus aus wieder hergestellt werden, sondern muß über eine gesamtgesellschaftliche Verurteilung der Gewalt gegen Frauen im Denken wie im Handeln gestärkt werden.

Trotzdem scheint das Frauenhaus den Frauen wichtige positive Impulse zu geben. Vielleicht haben sich vorwiegend die Frauen bei mir gemeldet, die gute Erfahrungen mit dem Frauenhaus gemacht hatten, andererseits kann unter Berücksichtigung der Korrelation zwischen den Ergebnissen über die Bewertung des Frauenhauses und der Statistik über die Aufenthaltsdauer im Frauenhaus davon ausgegangen werden, daß sich überwiegend die Frauen gemeldet hatten, die nach einem längeren Aufenthalt ausgeprägter vom Frauenhaus profitieren

---

40 siehe: Baer in: Senatsverwaltung für Arbeit und Frauen (Hrsg.) 1994. 57ff.

konnten. Die Hilfe und Unterstützung durch das Frauenhaus bei einer tiefergehenden Veränderung der Situation wird meist erst nach Bewältigung der akuten Krise wahrgenommen, und es erfordert zudem viel Zeit, bis neue Einsichten in die Gesamtpersönlichkeit integriert werden können, wenn alte Sinnzusammenhänge brüchig werden.[41]

In den Interviews wurden überwiegend dieselben positiven Aspekte des Frauenhauses wie auf den Fragebögen genannt. Andererseits kamen auch negative Aspekte und Erfahrungen zur Sprache, die zum Teil mit subjektiven Erwartungen an das Frauenhaus, aber auch mit den objektiven Bedingungen für das Leben im Frauenhaus zusammenhängen.

„Wenn du im Frauenhaus warst, kannst du Toleranz nicht nur beschreiben, sondern du kannst es leben.....Ansonsten liegst du dir dauernd in der Wolle. Ich meine, keiner ist gut drauf, der ins Frauenhaus kommt, geschweige denn drin lebt. Also du bist selbst so angeschlagen und das andere dann auch noch. Das ist manchmal ganz schön hart" (Frau O., S.5).

„Es war richtig schön am Anfang.....daß ich nicht allein war. Daß es andere gibt, wo das gleiche - Man kommt dann langsam wieder auf die Beine und wie soll ich sagen, dann nervts, mich hat es mords genervt, ja, das Kommen und Gehen, der Wechsel, das ist nichts mehr gewesen für die Kinder" (Frau Z., S.3).

Frau Z. erzählte weiter, daß sie sich im Frauenhaus manchmal wie auf einem Bahnhof vorgekommen sei, ein anderes Mal eher wie im Gefängnis, in dem sich Frauen verstecken müssen, weil sie Angst haben. Diese Bilder erinnern wahrhaft an Szenarien von Verfolgung und Vertreibung in „Friedenszeiten im eigenen Land".[42]

„Irgendwie dachte ich, da (ins Frauenhaus, Anm. d. Verf.) muß ich nicht hin. Also das ist irgendwie das letzte, da gehen halt die Leute hin, die niemand haben. Und in der Lage fühlte ich mich immer nicht.....ich war wirklich froh, ich wußte, das ist der einzige Platz, wo ich hin kann. Äh, war dann halt so froh darüber, daß es das überhaupt gibt" (Frau S., S.1/3).

„Ich hatte wenig Vorstellungen von Frauenhäusern vorher, ich wußte zwar, daß es sie gibt. Meine Vorstellung ist gewesen, daß wenn man dahin geht, ist ein ganz toller Zusammenhalt unter den Frauen, wie wir ja alle mehr oder weniger aus dem gleichen Grund dahin gehen. Ich habe die Vorstellung von einem bewachten Haus gehabt, einer Festung, Schutz. Ich war dann im Moment schon etwas überrascht, was dann auf mich zugekommen ist. Zusammenhalt eigentlich sehr wenig, muß ich sagen.....Ich war ja auch reichlich durcheinander damals.....Wir hatten dann auch in ei-

41 vgl. Hanetseder 1992, Brückner 1991, Burgard 1994, Steinert/Straub 1988
42 vgl. Egger u.a. 1995. 41

ner späteren Zeit eine recht gute Besetzung von Frauen, die also kaum noch gewechselt haben, was am Anfang auch schwierig ist. Es gibt natürlich auch sehr unterschiedliche Frauen, die ins Frauenhaus gehen" (Frau U., S.2/3).

Der wichtigste Aspekt in der Anfangszeit ist für fast alle Frauen, daß sie einen Ort der Sicherheit, des Schutzes und der Geborgenheit gefunden haben. Mit zunehmend zurückgewonnener Stabilität kann dann Raum geschaffen werden für weitere persönliche Entwicklungs- und Emanzipationsprozesse, oder das Frauenhaus wird verlassen.[43]

Trotz der mitunter nicht unerheblichen Schwierigkeiten würden fast alle Frauen wieder ins Frauenhaus gehen, wenn es nötig wäre. Die Frage ist, ob sie in manchen Situationen überhaupt eine andere Wahl hätten.

„Das Frauenhaus war mein letzter Strohhalm" (Brief einer Betroffenen).

Damit komme ich zur Bedrohung, denen Frauen während und nach dem Frauenhaus immer noch ausgesetzt sind. Allgemein wird angenommen, daß die Frau den Mißhandler verlassen muß, damit die Gewalt und die Angst vor der Gewalt ein Ende hat. In der Literatur Brandau u.a., Hanetseder)wird zwar auf die anhaltende Bedrohung nach dem Frauenhaus hingewiesen, allerdings war mir selbst das Ausmaß der fortgesetzten Bedrohung nicht bewußt und ich war erschreckt über das Ergebnis der Erhebung. Mit meiner Frage, ob sich die Frauen noch bedroht fühlen, wollte ich sowohl die Frauen erfassen, die noch real bedroht werden, als auch diejenigen, die durch die Folgen der Gewalterfahrung immer noch sehr unter Ängsten leiden, so daß sie viele Situationen bedrohlicher empfinden als Frauen ohne diese Erfahrungen.[44] Da die Fragebogenerhebung die unterschiedliche Wahrnehmung von Bedrohung nicht erfaßt, habe ich versucht, über die Interviews mehr darüber zu erfahren. Häufig nehmen Frauen die Bedrohung auch nicht mehr bewußt wahr, weil sie sich auf eine gewisse Art daran gewöhnt haben und nicht mehr wissen, wie das Leben ohne Bedrohung aussieht.

„Aber was ich...eigentlich erst durch den Psychologen erfahren habe, daß psychischer Terror auch eine Form von Gewalt ist. Das mußte ich erst lernen. Das habe ich vorher nicht so gesehen, weil ich persönlich meine Situation, als ich drin verfangen war, gar nicht so schlimm empfand, es war schon schlimm eigentlich, aber ich habe einfach gedacht, anderen Frauen geht es irgendwo ähnlich und die laufen auch nicht davon" (Frau U., S.1).

---

43 vgl. Hanetseder 1992. 211ff
44 vgl. Herman 1994. Kap.2

Frau O. z.B. gab ihm Fragebogen an, daß sie sich nie bedroht fühlte, was sie mir im Gespräch jedoch nicht bestätigte.

„Er möchte die Scheidung nicht. In seinem Herzen würde immer ich seine Frau bleiben. - Aber ich kann nicht, mir sträubt sich alles, wenn ich ihn sehe. Mir wird dann unheimlich kalt, ich fange an zu zittern. Ich kriege regelrecht Panik.....Daß er plötzlich klingelt? Damit rechne ich eigentlich immer. Angst? Angst kann man eigentlich nicht sagen. Es nervt mich eigentlich nur. Es ärgert mich,.....Wenn ich durch die Stadt gehe oder mittags von der Arbeit nach Hause, rechne ich eigentlich immer damit, daß er irgendwann wieder auftaucht, aus irgendeinem Grund" (Frau O., S.5/8).

Die Unberechenbarkeit des Mißhandlers setzt sich offenbar nach der Trennung immer noch fort und löst bei der Frau weiterhin körperliche Symptome der Angst aus. Dazu kommt die besitzergreifende Haltung ´seiner` Frau gegenüber, die der Mißhandler nicht so schnell aufgibt.[45]

„Aber nur, wenn ich tanzen gehe und er ist auch dort und er hat zu viel getrunken. Da hab ich einmal mit einem etwas getrunken, da ist er gleich gekommen und hat gemeint, das ist immer noch meine Frau und er soll die Finger von mir weglassen. Und wenn ich wieder einen suche, dann schaut er sich den erst an, was das für einer ist wegen der Kinder.....Ich soll verschwinden, das wäre sein Stammlokal. Dann ist er mir letztes Jahr mit dem Motorrad nachgefahren und hat mich mit dem Auto auf die Seite gedrängt, ist dann mit ins Haus." (Frau Z., S.7).

Bei manchen Männern tritt diese besitzergreifende und kontrollierende Anspruchshaltung nur noch unter Alkoholeinfluß hervor, dafür aber um so unberechenbarer und gewalttätiger. In allen Interviews sprachen die Frauen über diese frauenverachtende Einstellung ihrer Männer, die dann zwar manchmal erst unter Alkohol zur körperlichen Gewalt eskalierte die aber immer die Grundlage für die Mißhandlungen war. Diese Männer gehen davon aus, daß sich Frauen unterordnen müssen und daß zur Erhaltung der eigenen Machtposition die Anwendung von Gewalt erlaubt ist.[46]

Frau U. leidet nach 6 Jahren immer noch sehr stark an den Folgen der Mißhandlung[47] und der anhaltenden Furcht vor der Entführung ihres Kindes ins Heimatland ihres Exmannes.

---

45 vgl. Kap.3.1.2.
46 vgl. Paymar in: Bundesministerium für Frauenangelegenheiten (Hrsg.) 1993. 112
47 vgl. Kap.3.1.3.

„Ist übrigens auch ein Überbleibsel, mein Anrufbeantworter, erst rein horchen, wer ruft an und dann abnehmen.....Man kann eigentlich nicht so direkt sagen, daß er mich bedroht hat (nachdem er sie nach zwei Jahren gefunden hatte, Anm. d. Verf.), es ist so, es sind immer so unterschwellige Drohungen. Er hat nicht wie früher gesagt, wenn du nicht spurst, nehm ich dir dein Kind weg. Es waren eher so Sachen, wenn du nicht spurst, mußt du die Konsequenzen tragen. Er hat das früher zweimal direkt ausgesprochen, was er heute bestreitet. Nur, ich werde dem Mann nie mehr vertrauen können. Dafür hat er mich zu oft angelogen und auch ausgenutzt eigentlich nur......Ich bin bis heute nicht ganz sicher, ob er es machen würde. Es gibt Zeiten, da denke ich...du steigerst dich in was rein, aber die Angst bleibt trotzdem. Vielleicht tu ich meinem Sohn ein großes Unrecht. Ich denke, er hat auch ein Recht auf seine griechische Verwandtschaft, da habe ich schon große Probleme damit, wenn ich bedenke, ob das nicht alles nur ein Hirngespinst von mir ist" (Frau U., S.4/6/7).

Die Drohung einer Kindesentführung ist durchaus Ernst zu nehmen, dafür passiert es viel zu oft, daß Kinder von ihren Vätern verschleppt und ins Heimatland gebracht werden. Besonders gravierend bei Frau U. finde ich aber die Unsicherheit, ob sie vielleicht ihrem Sohn unrecht tut und ihm eine Erfahrung vorenthält. Die realen Ängste sind zusätzlich begleitet von Schuldgefühlen, Verunsicherung und Mißtrauen sich selbst und anderen Menschen gegenüber.

Die Wahrnehmung von Gewalt und Bedrohung hängt neben der eigenen persönlichen Geschichte auch sehr stark mit den Reaktionen des sozialen Umfeldes auf die Gewalt gegen die Frauen zusammen.

Daß die Mehrheit der befragten Frauen nach dem Frauenhaus neue Bekannte hatten, erstaunt mich nicht, weil Frauen in Mißhandlungsbeziehungen einerseits durch ihre Männer isoliert werden, andererseits distanzieren sich die meisten Menschen von sog. Problemfamilien.

„Aber ich hatte immer noch so das Denken, auch Freunde oder Bekannte, daß man da vielleicht hingehen könnte. Aber ich habe dann gemerkt, daß die alle möglichst nichts damit zu tun haben wollen. Es war von Anfang an so, daß ich einfach immer zu meinem Vater geflüchtet bin,....Im Nachhinein denke ich, es war vielleicht auch nicht so gut, weil dann blieb alles in der Familie und nachher tat man so, als ob nichts gewesen wäre.....ich habe keinen großen Freundeskreis, das hat man ja eh nicht, wenn der Mann irgendwie problematisch ist oder so.....Und mein Mann es nicht gern hatte, wenn ich wohin gehe,...er war immer eifersüchtig auf alle Kontakte" (Frau S., S.1).

„Meine Verwandtschaft hat relativ wenig mitgekriegt, weil, es ist so, je mehr ich nach außen getragen hätte und er das mitgekriegt hätte, desto schlimmer wäre es geworden, weil mein Exmann eigentlich immer den Schein nach außen gewahrt hat, grundsätzlich.....Da er auch damals meine Freundin recht rüde bedroht hat, von wegen Schläger schicken, heute nicht, vielleicht morgen...oder in einem Monat. So auf die Art, du mußt dich immer vor mir fürchten. Und da wollte ich eigentlich niemanden mit rein ziehen" (Frau U., S. 3 /4).

„Das hat gar niemand mitgekriegt. Mein Bruder, der hat es mitge-kriegt,.....der hat mir geholfen. Meine Mutter, meine Eltern, das war schlimm, die hat nur gesagt, ha, du mußt halt machen, was er sagt. Oder benimm dich.....damit Ruhe ist.....ich habe keinen großen Kontakt gehabt. Die haben schon mitkriegt, daß der Fritz ein Brutaler ist......Die haben dann halt immer gefragt, ob er sich gebessert hat. Da hab ich halt immer ja gesagt.....Ja, jetzt gehst du halt oder dann laß ihn spinnen. Die haben das alle nicht so - Ernst genommen" (Frau Z., S. 4/5).

Die Beispiele zeigen deutlich wie traditionelle Vorstellungen von Familie, Frauen- und Männerrollen und die daraus entstandenen strukturellen Verhältnisse die häusliche Gewalt ermöglichen und begünstigen.[48] Glücklicherweise machen manche Frauen aber auch andere Erfahrungen.

„Wenn es nach denen gegangen wäre, hätte ich schon längst gehen sollen. Es hat auch niemand verstanden, schon beim ersten Mal nicht, daß ich wieder zurück gegangen bin......Sie haben es akzeptiert, aber es hat nie-mand verstanden. Und sie stehen auch jetzt noch geschlossen hinter mir. Jetzt eigentlich erst recht, nachdem ich weg bin" (Frau O., S. 7).

Die Interviewausschnitte liefern Hinweise, warum die meisten Frauen nach dem Frauenhaus mehr Bekannte und Freunde hatten. Trotzdem hat mich das Ergebnis irritiert, da in der Literatur (Brandau u.a.) überwiegend von der Isolation der Frauen nach dem Frauenhaus zu lesen ist. Im Gegensatz zur Isolation vor dem Frauenhaus scheint die Situation diesbezüglich von der Mehrheit der Frauen als besser empfunden zu werden. Das Alleinsein betrifft vorwiegend die ersten ein

---

48 vgl. Sirowy 1991. 7ff.

bis zwei Jahre, bis die Frauen sich in ihrer neuen Lebenssituation zurecht gefunden haben.[49]

> „Dann hatte ich meine Wohnung, da hatte ich mich das erste Jahr extrem eingeigelt. Ich habe auch heute noch sehr wenig Bekannte hier. Das ist ein Rest von dort. Ich bin mißtrauisch geworden, ich bin irgendwie seltsam geworden gegen früher" (Frau U., S.4).

Wenn aus Sicherheitsgründen das bisherige soziale Umfeld gemieden werden muß, führt dies in der Anfangszeit zu verstärkter Isolation und erfordert sehr viel mehr Eigeninitiative von der Frau, was unter den langfristigen Auswirkungen der Mißhandlung eine Überforderung bedeuten kann.

Die Korrelation der Ergebnisse über Aufenthaltszeitraum im Frauenhaus mit den Aussagen über Bekannten- und Freundeskreis könnte Aufschluß darüber geben, weshalb die meisten der befragten Frauen über einen größeren Bekanntenkreis verfügen. 15 der befragten Frauen waren vor 1994 im Frauenhaus. Diese Zahl entspricht in etwa der Anzahl von Antworten „einen neuen Bekanntenkreis" und „mehr Freunde und Bekannte".

Weshalb viele Frauen einen neuen Bekanntenkreis aufgebaut hatten, läßt sich auch mit einer Entfremdung von alten Kontakten in einer neuen Lebenssituation erklären, so daß alte Beziehungen aufgegeben und neue bewußter eingegangen werden.[50] Nicht selten steht die Veränderung des sozialen Umfeldes auch mit dem Umzug an einen neuen Wohnort in Zusammenhang.

Die Interviews zeigen aber auch, daß häufig einzelne Personen durchgehend auf der Seite der Frau standen und sie unterstützten. Wer die einzelnen Frauen nach dem Frauenhaus unterstützt hat, legen die Ergebnisse im nächsten Abschnitt dar.

---

49 vgl. Kap.4.13.
50 vgl. Hanetseder 1992. 153

7.2.5. Ergebnisse zu den Fragen nach weitergehender Unterstützung

Erfreulich finde ich , daß die meisten Frauen nach dem Frauenhausaufenthalt von zum Teil verschiedenen Seiten Unterstützung erfahren haben.

Wer hat Sie nach dem Frauenhaus mit praktischer Hilfe unterstützt?	
	Anzahl der Nennungen **n=22**
niemand	2
Freundinnen	10
Verwandte	9
Frauenhaus- mitarbeiterinnen	9
Frauenhausbewohnerinnen	3
andere soziale Einrichtungen	5

Tabelle 6

Eine Frau hat diese Frage nicht beantwortet. Nur zwei Frauen hatten keine Hilfe bekommen. Neben den Frauenhausmitarbeiterinnen wurde die meiste Unterstützung von Verwandten und Freundinnen gewährt. Frauenhausbewohnerinnen und andere soziale Einrichtungen waren weniger daran beteiligt.

Trotzdem gab es einige Frauen, die mehr Unterstützung gebraucht hätten.

Hätten Sie mehr Unterstützung gebraucht?

Diagramm 17

Zwei Frauen haben hier nicht geantwortet. 7 Frauen hätten mehr Hilfe gebraucht und eine Frau manchmal[51].

Die Frage nach der Art der Unterstützung sollte frei ohne Vorgabe beantwortet werden.

Kurzfristig: - Hilfe in der Kinderbeaufsichtigung
- Reden, Hilfe bei den Ämtern
- Besorgungen, Beratungen
- Hilfe beim Umzug, Wohnungssuche
- helfende Hände bei schweren Arbeiten, nachts jemand zum Reden bei Kummer und Schlaflosigkeit

Langfristig: - mehr Gespräche
- psychische Unterstützung, z.B. Selbsthilfegruppe
- Seelische Unterstützung

Gespräche bzw. seelische Unterstützung wurde insgesamt 6 mal erwähnt sowohl kurz- als auch längerfristig. Praktische Hilfen fehlten 5 Mal, aber nur kurzfristig.

---

51 diese Kategorie ist in der Statistik nicht erfaßt

Über den Kontakt zum Frauenhaus nach dem Auszug aus dem Frauenhaus wurden folgende Angaben gemacht.

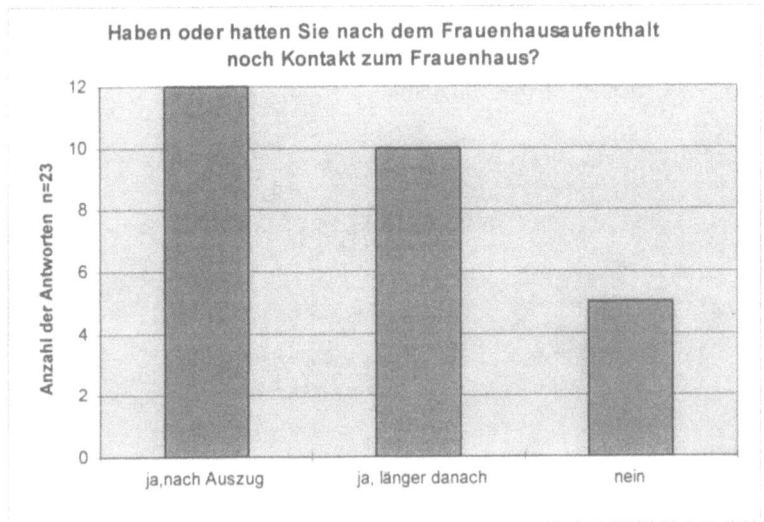

Diagramm 18

Den meisten Kontakt hatten die Frauen direkt nach dem Auszug aus dem Frauenhaus, knapp weniger jedoch auch längere Zeit danach. Nur 5 Frauen hatten überhaupt keinen Kontakt mehr zum Frauenhaus.

Allerdings waren die Kontakte zum Frauenhaus überwiegend unregelmäßig.

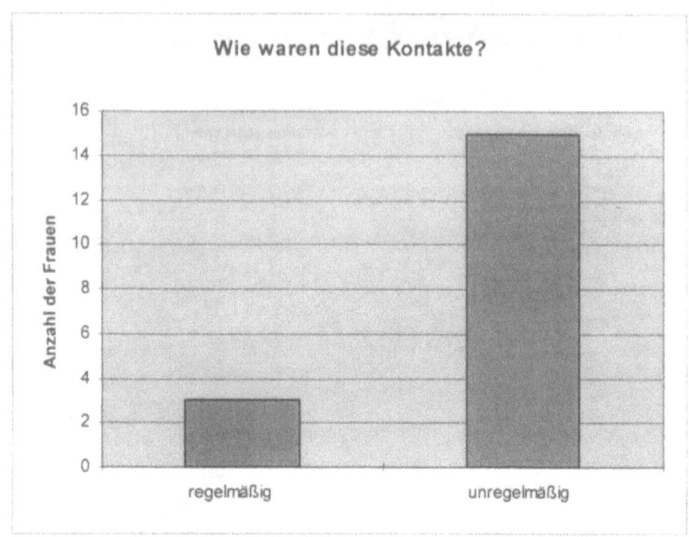

Diagramm 19

Nur drei Frauen pflegten regelmäßigen Kontakt zum Frauenhaus.
Mehrheitlich ging die Initiative zur Kontaktaufnahme von den ehemaligen Bewohnerinnen aus.

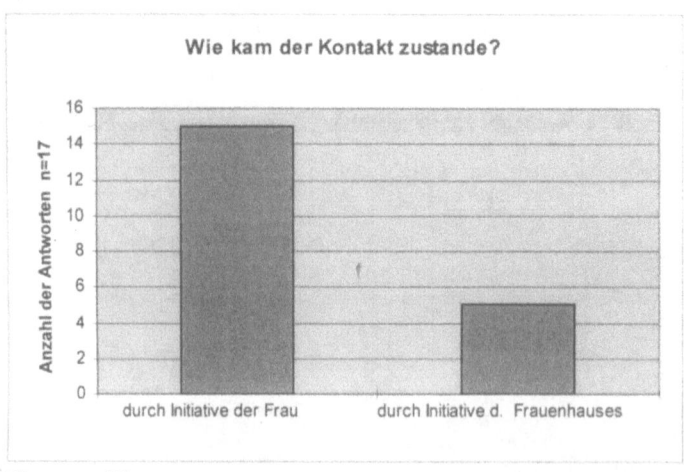

Diagramm 20

Nur 5 mal meldete sich das Frauenhaus bei den betroffenen Frauen, vermutlich durch eine Einladung zu einem Treffen oder wenn eine Mitarbeiterin auf informellem Weg erfahren hatte, daß eine Frau Hilfe bräuchte.[52]

Die Frauen, die keinen Kontakt mehr zum Frauenhaus hatten, nannten dafür folgende Gründe.

Wenn Sie keinen Kontakt zum Frauenhaus hatten, war es weil............?	
Sie negative Erinnerungen an das Frauenhaus haben	0
der Partner/Ehemann den Kontakt verbietet	1
Sie überlastet waren/sind	3
Sie nichts mehr mit dem Frauenhaus zu tun haben wollen	0
es Ihnen peinlich ist, nochmals um Hilfe zu bitten	1
sonstige Gründe	3

Tabelle 7

Offensichtlich waren eher persönliche Gründe ausschlaggebend, die nicht mit dem Frauenhaus in Zusammenhang stehen. Daß es manchen Frauen peinlich ist, nochmals um Hilfe zu bitten, habe ich im letzten Abschnitt anhand der Aussagen eines Interviews schon aufgezeigt. Als 'sonstige Gründe' könnte z.B. eine schlechte Verkehrsanbindung in Frage kommen. Von einer ehemaligen Bewohnerin weiß ich durch mein Praktikum, daß sie mit 4 kleinen Kindern 3 km laufen und mindestens zweimal umsteigen müßte, um ins Frauenhaus zu gelangen, zudem hat sie als Asylbewerberin kaum Geld. Sie hätte sich gewünscht, daß das Frauenhaus sich bei ihr meldete und mit ihr noch fünf weitere Frauen, wie das folgende Diagramm darstellt.

---

52 diese Information beziehe ich aus dem Interview mit einer Mitarbeiterin zur nachgehenden Beratung

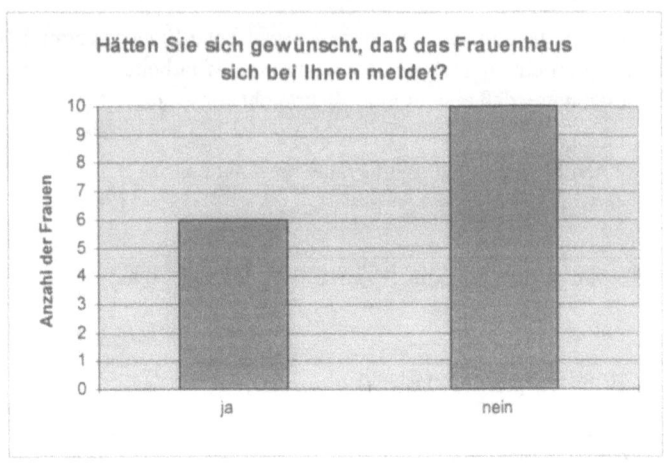

Diagramm 21

Bei der eingehenderen Analyse der Fragebögen fand ich heraus, daß die Frauen, die nach dem Frauenhaus zum Mann zurück gegangen waren, sich gewünscht hätten, daß das Frauenhaus die Initiative ergreift. Die Frau, der es peinlich war, nochmals um Hilfe zu bitten, hätte es sich ebenfalls gewünscht.

Die nächste Tabelle zeigt einen hohen Bedarf nach verschiedenen Angeboten durch das Frauenhaus auf.

Welche Angebote durch das Frauenhaus würden Sie auch nach dem Frauenhausaufenthalt nutzen?	Mehrfachantworten n=20
Begleitung bei Ämter- und Behördengängen	5
Rechtliche Hilfen	11
Erziehungshilfen	6
Regelmäßige persönliche Beratung	10
Freizeitangebote	5
Regelmäßige Gruppenangebote mit ehemaligen Frauenhausbewohnerinnen	11

Tabelle 8

Am häufigsten werden rechtliche Hilfen, regelmäßige persönliche Beratung und regelmäßige Gruppenangebote gewünscht. Offensichtlich fühlen sich einige Frauen bei Behördengängen überfordert, was nicht für eine kundenfreundliche Atmosphäre auf den Ämtern spricht. Insgesamt wurden von zwanzig Frauen 48 Angebote gewünscht, das bedeutet zwei oder drei pro Frau.

Auf die Frage, welche dieser Angebote auch von anderen sozialen Einrichtungen angenommen würden, ergaben sich folgende Ergebnisse.

- rechtliche Hilfen von 5 Frauen
- Erziehungshilfen von 4 Frauen
- Freizeitangebote von 3 Frauen
- Gruppenangebote von 3 Frauen

Die regelmäßige persönliche Beratung wird offensichtlich nur durch Frauenhausmitarbeiterinnen gewünscht, während rechtliche Hilfen, Erziehungshilfen und Freizeitangebote jeweils etwa zur Hälfte auch von anderen Einrichtungen angenommen würden. Gruppenangebote würden ebenfalls vom Frauenhaus bevorzugt. Auch Behördenbegleitung gibt nur eine Sinn, wenn die Frau ihre Begleiterin kennt und weiß, daß sie sich für ihre Rechte einsetzt.

Zu einem weiterführenden persönlichen Gespräch war die Mehrheit der Frauen bereit.

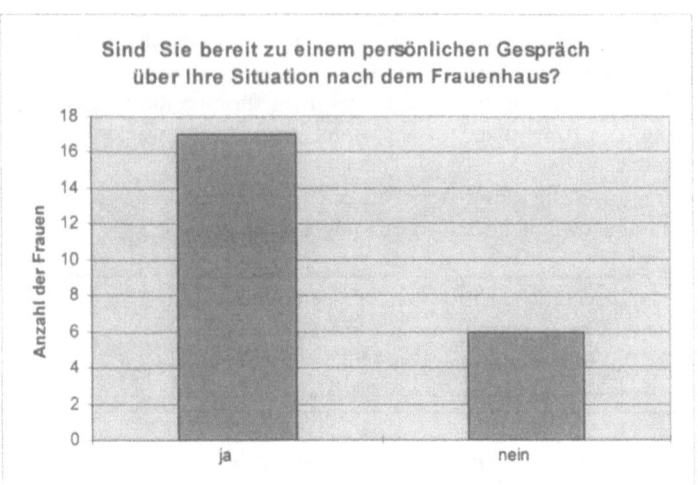

Diagramm 22

Nur 6 Frauen, etwa 25% wollten anonym bleiben und waren nicht zu einem Gespräch bereit.

7.2.6. Diskussion der Ergebnisse

Die Ergebnisse weisen eindeutig den Bedarf nach weitergehenden Hilfen nach, was den Einschätzungen der Mitarbeiterinnen im Frauenhaus entspricht.[53] Während die praktische Unterstützung direkt nach dem Frauenhausaufenthalt großen Teils abgedeckt wird, scheint der Bedarf an längerfristiger Unterstützung sehr hoch zu sein. Wenig überraschend ist zudem, daß die meiste Hilfe ausdrücklich vom Frauenhaus gewünscht wird. Die Bedeutung des sozialen Rückbezugs auf das Frauenhaus vor allem in der ersten Zeit war schon an anderer Stelle die Rede[54] und wird durch die Ergebnisse bestätigt. Offensichtlich können dadurch aber Bedürfnisse nach regelmäßiger Beratung und regelmäßigen Gruppentreffen nicht abgedeckt werden.

> „Da bin ich so ganz sporadisch einfach mittags vorbei gegangen, hallo, ein bißchen mit der M. geschwätzt oder wer gerade da war. Und wie gesagt, am Anfang waren wenigstens ein paar bekannte Gesichter da. Und das hat

---

53 vgl. Kap. 5. 3.1f
54 vgl. Brandau u.a. 1991. Kap. 4

108

sich dann von den Frauen auch total gegeben. Die Mitarbeiterinnen haben ja auch wenig Zeit,.....es hat sich dann irgendwie verlaufen. Und jetzt im Moment habe ich kaum noch ein Bedürfnis, weil einfach der Abstand da ist" (Frau U., S.8).

Das Frauenhaus scheint in der Anfangszeit eine wichtige Anlaufstelle für Kontaktpflege auch zu den Bewohnerinnen zu sein, was dann mit dem Auszug der bekannten Frauen zu Ende geht.

> „Ja, ich war vor ein paar Wochen unten zum Kaffee trinken, und ich habe auch vor, wieder runter zu gehen. Mal schauen, wann G. Zeit hat...Ich muß sagen, der Kontakt ist überhaupt nicht abgerissen.....Sie ist die einzige, die alles über mich weiß" (Frau O., S. 6).

Oftmals entstand eine Freundschaft zu einer ehemaligen Bewohnerin aus der Zeit des gemeinsamen Aufenthaltes, die sich dann auch darüber hinaus fortsetzte, wie mir drei Frauen erzählten und später die einzige Verbindung zu dieser Zeit im Frauenhaus bleibt. Andere Frauen wiederum bekommen mit der Zeit immer mehr Abstand und verbinden letztendlich nur negative Erinnerungen, die sie vergessen möchten.

> „Es ist besser, wenn ich damit erst einmal nichts mehr zu tun habe. Ich wollte das ganze wieder mal verdrängen und vergessen. Ich denke, das ist irgendwo auch ein bißchen normal. So wie man ins normale Leben zurückkehrt, da möchte man mal einen Schlußstrich unter die Vergangenheit ziehen" (Frau U., S.8).

Auf die Situation der Frauen, die überhaupt keinen Kontakt mehr zum Frauenhaus hatten, gehe ich später im Zusammenhang mit der Situation der Frauen ein, die zum Partner zurückgegangen sind, da sich hier zumindest teilweise eine Korrelation ergeben hat.

Es zeigt sich, daß Freundinnen und Verwandte den Frauen nach dem Frauenhaus eine große Hilfe waren und dadurch ihre Situation mit Unterstützung bei der Wohnungssuche und beim Umzug erleichterten, wie ich auch den Interviews entnehmen konnte. Insgesamt äußerten sich die Frauen in den Gesprächen sehr zurückhaltend über ihre eigenen Bedürfnissen. Ich hatte den Eindruck, daß der Ausdruck eigener Wünsche von den Frauen als Kritik an den Mitarbeiterinnen betrachtet wird. Vielleicht war der Bedarf in der Gesprächssituation aber auch nicht aktuell genug. Auffällig fand ich außerdem, daß die Frauen weniger von ihren Bedürfnissen gesprochen haben, als vom Bedarf der Frauen allgemein. Offensichtlich wirken die Folgen aus der Mißhandlungsbeziehung noch lange dahingehend, daß die Frauen sich nicht zugestehen dürfen, sich selbst und ihre Bedürfnisse wichtig zu nehmen.

„Ich glaube, daß jede Frau psychotherapeutische Beratung dringend nötig hätte, ganz intensiv, jede, jede, egal wer. Man hat so einen Knacks weg, die Gespräche im Frauenhaus helfen auch, aber es kratzt nur an der Oberfläche.....Für Nachbetreuung wäre das sicher nicht schlecht. Ich glaube, das hat jede nötig...Was ich auch unheimlich gut finde, eine rechtliche Beratung. Einfach, weil da viele Fragen sind, was ist mit dem Kind, was ist mit dem Sorgerecht? Leute, die für solche Fälle spezialisiert sind. Die rechtliche Beratung, die hat mir vielleicht ganz speziell gefehlt" (Frau U., S.9).

Das Wissen um ihre Rechte würde sicher dazu beitragen, das Selbstbewußtsein der Frauen zu stärken und die Motivation schaffen, diese Rechte auch zu erstreiten. Wie die Statistik zeigt, ist auf diesem Gebiet der Bedarf nicht gedeckt. Der hohe Bedarf erklärt sich sicher auch aus der „Blindheit des Rechts für Diskriminierung von Frauen"[55] und der Verleugnung weiblicher Lebensrealitäten in der traditionellen Rechtsprechung. Möglicherweise wünschen sich gerade deshalb mehr als die Hälfte der befragten Frauen die rechtliche Beratung vom Frauenhaus.

Regelmäßige persönliche Beratung wird offensichtlich nur von Frauenhausmitarbeiterinnen gewünscht, einerseits weil hier schon eine Vertrauensbasis geschaffen wurde, andererseits gibt es in Lörrach kaum eine Stelle, die parteiliche Frauenarbeit im Sinne der Frauenhauskonzeption[56] anbietet. Hier scheint offensichtlich ein Defizit zu herrschen. Aus anderen Untersuchungen und aus den Erfahrungen des Frauenhauses Lörrach ist bekannt, daß die Frauen sich am liebsten an ihre Bezugsfrau aus dem Frauenhaus wenden, was überwiegend auf diejenigen zutrifft, die sehr lange im Frauenhaus waren. Auch der Wunsch nach regelmäßigen Gruppentreffen hat sich in den Interviews bestätigt.

„Vielleicht gibt's doch mal so Gruppen, wo man sich treffen könnte, wo man über Gefühle redet,..." (Frau Z., S.6).

„So Selbsthilfegruppen. Es muß einem vieles erst mal klar werden und man muß vieles erst mal wissen.....In Gruppen mit Betroffenen weiß jeder,

---

55 vgl. Baer in: Bundesministerium für Frauenangelegenheiten (Hrsg.) 1993. 67
56 vgl. Kap. 2.2.

wovon er spricht, daß man da offen darüber reden kann. Vieles kann man normalen Leuten gar nicht erzählen" (Frau S., S.11).

Erziehungshilfen und auch Kinderbetreuung wird vorwiegend von kinderreichen Frauen gewünscht, die sich in ihrer Situation überfordert fühlen, allerdings auch schon während des Frauenhausaufenthaltes.

> „Was ganz wichtig gewesen wäre, war mit den Kindern. Weißt du, da bist du schon kaputt, und dann hast du auch noch die Kinder um dich herum.....Daß die Frauen mal für sich Ruhe haben und mal für sich, was weiß ich. Daß sie auch mal raus kommen.....Ich habe schon manchmal gedacht, ich schaffe das nicht mehr. Ich bringe euch in ein Heim vom Jugendamt.....Da kann man lang sagen, sie sollen der Mama folgen, sie haben das ja von klein auf mitgekriegt, daß ich der Depp war daheim, oder? Ich habe nichts zu sagen gehabt, irgendwie ist das geprägt, die kennen ja nichts anderes" (Frau Z., S.6/8).

Diese Aussage enthält außerdem einen wichtigen Ansatz für die Arbeit mit den Kindern aus Mißhandlungsbeziehungen, was ich an dieser Stelle aber nicht vertiefen kann.

Über den Kontakt zu anderen sozialen Einrichtungen habe ich in den Interviews nur teilweise etwas erfahren. Ich hatte darauf keinen Schwerpunkt gelegt, merke aber, daß der Bereich 'Erfahrungen ehemaliger Frauenhausbewohnerinnen mit anderen sozialen Einrichtungen' ein Thema für sich ergeben könnte.

7.2.7. Situation nach der Rückkehr zum Mann

Über die Analyse der Interviews mit den drei Frauen, die nach dem Frauenhausaufenthalt zum Mann zurückgegangen waren, möchte ich an dieser Stelle ihre spezielle Situation nach dem Frauenhaus beleuchten. Einige ihrer Aussagen habe ich bereits in der Auswertung der Fragebögen verarbeitet. So wurde die Schwierigkeit, nach einer Rückkehr zum Mann wieder Kontakt mit dem Frauenhaus aufzunehmen, schon im Zusammenhang mit der Frage nach der Häufigkeit der Frauenhausaufenthalte benannt. Da die Frauen einerseits nach dem Aufenthalt keinen oder wenig Kontakt zum Frauenhaus hatten, sich aber andererseits mehr gewünscht hätten, wollte ich über die Gespräche herausfinden, welche Möglichkeiten es gegeben hätte, die Frauen zu erreichen.[57]

---

57 vgl. Kap.4.3.1.

„Da hat er gar nichts gesagt(zum Frauenhausaufenthalt Anm. d. Verf.).
Aber er hat es nicht gern gesehen, wenn ich mit dem Frauenhaus, das hat
dann heimlich sein müssen. Wegen dem Kontakt, ich glaube, ich habe damals der M. angerufen. Was willst du jetzt dort? Was willst du jetzt dort,
und so. Ich brauche das nicht. Also gut, ich war dann auch von der Zeit
her ausgelastet mit dem Haushalt und alles. Doch ich habe oft der M. angerufen, abends, wenn er fort war. Ich habe gedacht, ich muß mal wieder
mit der M. schwätzen, die das gleiche Ding hat" (Frau Z.,S.6).

Frau Z. gab zwar an, daß ihr Mann sie nach dem Frauenhaus nicht mehr geschlagen hatte, jedoch war ihre Angst immer noch so groß, daß sie keinen offenen Konflikt eingehen konnte und ihren Bedürfnissen nur heimlich nachgehen
konnte, denn offensichtlich war es wichtig für sie, mit jemanden zu sprechen,
bei dem sie ihre Situation nicht beschönigen mußte wie häufig bei Nachbarn. Sie
bedauert an anderer Stelle, daß vom Frauenhaus niemand auf sie zukam, hat aber
zunächst keine Vorstellungen, was sie sich konkret gewünscht hätte. Erst später
wird deutlich, daß sie sich eine Therapeutin gewünscht hätte und Privatbezie-
hungen zu den Mitarbeiterinnen.

„Hm ja, das Gefühl, daß man einfach von jemandem, wo nicht in dieser
Lage war, ich sag jetzt mal, mords akzeptiert wird. Daß man auch trotz
dem ganzen Galama, wo man hat, einfach nicht nur als mißhandelte Frau
betrachtet wird, daß man von euch aus auch wieder Werte kriegen kann.....
Kontakt mit euch, wo auch mal was privat wollen. Nicht nur zack, jetzt
hast du deine Stunde" (Frau Z., S.6).

Insgesamt scheint bei ihr

„das von Steinert-Straub beschriebene 'Rettungsankersyndrom`, sehr aus-
geprägt zu sein, das sich durch eine Haltung ausdrückt, welche eine Veränderung der Situation nicht durch selbstverantwortliches Handeln, sondern durch die Aktivität eines andern erreichen will" (Brandau u.a. 1991.
80).

Sie sucht Halt und Unterstützung bei anderen und erfüllt gleichzeitig die traditionelle Frauenrolle der Fürsorglichkeit für andere, denn sie hatte das Frauenhaus verlassen, weil den Kindern das 'Familiäre` gefehlt hatte, und weil sie es
dort nicht mehr ausgehalten hatte.[58] Selbst ihre endgültige Trennung Monate
später, hatte sie nicht selbständig entschieden, sondern sie hatte von der Verwandtschaft eine Wohnung angeboten bekommen. Damit will ich weder die

---

58 vgl. Kap.3.1.4.

Unterstützung der anderen Menschen noch den Schritt zur Trennung abwerten, sondern ich möchte betonen, daß der Schritt zur Trennung möglicherweise keine ganz bewußt eigenverantwortliche Entscheidung darstellte. Entscheidungsfähigkeit stellt aber eine Grundlage dafür dar, nicht wieder in ähnliche Abhängigkeitssituationen zu geraten, bei denen die eigene Person an Wichtigkeit und Wert verliert.

Brandau u.a. fanden in ihrer Untersuchung heraus, daß ein Teil der Frauen, die zum Mann zurückgekehrt waren,

> „wenig in der Lage ist, eine Entscheidung zu treffen und umzusetzen, sondern vielmehr schwankt, sich immer wieder breitschlagen läßt und dann erneut ins Frauenhaus kommt" (Brandau u.a. 1991. 81).

Dies trifft auch auf Frau S. zu, die zwar einige Bedingungen an ihren Mann gestellt hatte, bevor sie zu ihm zurück gekehrt war, jedoch insgesamt resigniert hatte.

> „Und dann halt das Weihnachten, mein Mann will dann alles erzwingen, aber ich habe gesagt, ich komme erst, wenn die Türe eingebaut ist und so.....aber ich bin ja nicht voller Überzeugung heim, sondern weil mir die Rechtsanwältin mehr oder weniger nicht mehr Hoffnung gemacht hat" (Frau S.,S.5).

Frau S. war nur wenige Wochen im Frauenhaus gewesen, genau wußte sie es nicht mehr. Der Verlust für das Zeitgefühl kann auch eine Folge des ewigen Kreislaufs in Mißhandlungsbeziehungen darstellen, was mir während des Interviews mehrmals auffiel. Der Frauenhausaufenthalt war einer der unzähligen Trennungsversuche, die Frau S. vorher schon unternommen hatte und hatte für sie selbst keine so entscheidende Bedeutung, vermutlich weil die Aufenthaltsdauer zu kurz war und das Frauenhaus als ein sicherer Ort der wichtigste Aspekt blieb. Nach dem Frauenhausaufenthalt schien sich zumindest ihre Anspruchshaltung verändert zu haben, eigene Erwartungen mitzuteilen, was auch bei den Frauen in der Untersuchung von Brandau häufig festgestellt wurde, wobei die Umsetzungswahrscheinlichkeit gering blieb. Aber die Vorstellung, sich zu trennen, erschien Frau S. noch fürchterlicher als auszuharren.

> „Weil für mich war immer auch die Überlegung, weil er mich bedroht hat, daß er dann nachher auch immer noch versucht, mich zu bedrohen, wenn er in der Wut weggeht und weiter trinkt, und daß ich dann damit rechnen muß, daß er vor der Tür steht. Es war nicht, daß ich gesagt habe, ich will mich nicht trennen. Erst hat man diesen Menschen aus Versehen geheira-

tet, jetzt muß man ihn mitschleppen, bis...Es ist besser, er ist hier zufrieden, als er ist fort und ich weiß nicht, was los ist. Oder er versucht mich heimlich zu drangsalieren" (Frau S., S.11).

In dieser Aussage spiegelt sich das typisches Symptom der vermeintlichen Macht und Kontrolle der Co-Alkoholikerin über den Alkoholkonsum ihres Mannes. Sie übernimmt Verantwortung für seine Unzulänglichkeit und verliert dabei mehr und mehr ihr eigenes Selbstwertgefühl. Ihre Schuldgefühle werden größer, da es ihr nicht gelingt, die Kontrolle über sein Trinkverhalten zu gewinnen. Am Ende bleiben nur noch Anklagen.[59] Hier fielen mir die Parallelen zur Beziehungsdynamik in Gewaltbeziehungen[60] auf bzw. die Überschneidung des Gewalt- und Alkoholkreislaufs. Die Phasen der Gewalt fallen mit den Phasen des Alkoholkonsums zusammen, wie es Frau S. und auch Frau Z. beschreiben. Dazwischen liegen Phasen der Versöhnung bzw. der Normalität. Aber der Lebenssinn wird durch die Person des Mißhandlers und/oder des Alkoholikers bestimmt. Allerdings wird nicht jeder Alkoholiker gewalttätig gegenüber seiner Frau. Das wiederum hängt von seinem Frauenbild ab. Auch Frau S. spricht über das eifersüchtige , kontrollierende und besitzergreifende Verhalten ihres Mannes in nüchternem Zustand. Das habe sich auch nicht verändert, sagt sie, aber sie lasse sich davon nicht mehr beeinflussen. Das habe sie in der AA-Gruppe gelernt.

Über ihren Kontakt zum Frauenhaus sagt sie:

„Ich habe als mal noch telefoniert, einmal war ich auch noch dort. Im Grunde hab ich wieder gemerkt, ich war die Blöde, ich meine, wenn man dann kommt und sagt, jetzt hockt man wieder drin, dann sagen sie, also ich kann das gar nicht mehr sagen. Bei mir lief das alles mehr über den Rechtsanwalt, weil ich wußte im Grunde, was ich wollte" (Frau S., S.8).

Die Gefühle des Versagens und der Peinlichkeit sind offensichtlich so stark, daß Frau S. nicht weiter darüber sprechen wollte und sich statt dessen als zielstrebig darstellte. Vom Frauenhaus hätte sie sich mehr Ermutigung gewünscht, es noch mal zu versuchen. Ansonsten hält sie Frauengruppen für sehr wichtig, in denen Frauen sich gegenseitig unterstützen, in ihrem Selbstbewußtsein stärken und lernen, selbst Entscheidungen zu treffen. Sie betonte, daß sie lernen mußte, bewußte Entscheidungen zu fällen und sich dabei Zeit zu lassen. Vorher habe sie

---

59 Seminarmitschrift: Frauen und Sucht WS 93/94
60 siehe Kap.3.1.3.

oft spontan entschieden, hatte aber dann nicht das nötige Durchhaltevermögen, ihre Entscheidung durchzusetzen.

Frau O., die sich nach drei Frauenhausaufenthalten endgültig getrennt hatte, meinte, daß das Frauenhaus nicht mehr hätte tun können.

> „So gesehen sind das Entscheidungen, die jede Person für sich selbst treffen muß. In dem Moment kannst du nicht viel raten" (Frau O.,S.6).

Daß sie die Trennung geschafft hatte, lag wohl an ihrer grundsätzlichen Einstellung, daß sie sich trennen wollte, aber dann doch Angst vor den Konsequenzen bekam, während Frau S. eigentlich eher darauf hofft, daß sie von ihrem Mann befreit wird oder daß er sich doch noch ändert. Frau O. hatte aber auch viel Unterstützung und Ermutigung aus ihrem sozialen Umfeld bekommen. Frau Z. bedauert, daß es keine Anlaufstelle für ehemalige Frauenhausbewohnerinnen gibt.

> „...weil es so eine Brücke nicht gibt, wo man hin kann. Gibt's ja nicht, für Alkoholiker gibt es das, gelt? Für alle gibt's das, auch für Drogenabhängige, daß sie können hinterher, sogar für die, die im Gefängnis gehockt sind, gibt's doch hinterher etwas, wo sie hin gehen können" (Frau Z., S.7).

Für Frauen, die den Kontakt zum Frauenhaus direkt nach dem Frauenhausaufenthalt abbrechen, ist es sicher schwierig, sich nach längerer Zeit wieder dort zu melden, weil sie dann kaum noch am bisherigen anknüpfen können. Auch ist die Erinnerung an diese Zeit eher belastend und die Frauen möchten nicht mehr als mißhandelte Frauen betrachtet werden, wie es Frau Z. geäußert hat. Sie würde inzwischen gern den Kontakt mit dem Frauenhaus aufnehmen, um anderen betroffenen Frauen zu helfen. Hier könnte der Aspekt der Selbsthilfe unter den Frauen aufgegriffen und gefördert werden. In der Zeit direkt nach dem Frauenhausaufenthalt scheinen die Selbsthilfepotentiale unter den Frauen noch nicht sehr hoch zu sein wie Tabelle 6 dokumentiert. Allerdings kommt es immer auch darauf an, welche Frauen im Frauenhaus zusammen treffen, da sie in ihrer Unterschiedlichkeit häufig nicht zusammenfinden.

7.2.8. Zusammenfassung der Situation ehemaliger Frauenhausbewohnerinnen

Auch wenn die Ergebnisse aus den Interviews nicht repräsentativ für alle ehemaligen Frauenhausbewohnerinnnen sind, so finden sich doch sehr viele Aussagen in der Literatur bestätigt. Durch die Aussagen der persönlichen Betroffenheit der befragten Frauen lassen sich die bisherigen Thesen bekräftigen, gleichzeitig werden die spezifischen Schwierigkeiten der Frauen für Außenstehende nachvollziehbarer und zugänglicher. Im Zusammenhang mit der Fragebogenerhebung lassen sich bestimmte Tendenzen über das spezifische der Situation ehemaliger Frauenhausbewohnerinnen in Lörrach feststellen. Deutlich wird, daß verschiedene Ebenen in der Betrachtungsweise der Problematik berücksichtigt werden müssen und nur ein multifaktoreller Zugang möglich ist, um die Ressourcen der einzelnen Frau zu erkennen und zu fördern. Dazu gehören Ressourcen auf der persönlichen Ebene, die es manchen Frauen erleichtern, neue Schritte zu probieren, andere wiederum eher hemmen, sich auf unbekannte Prozesse einzulassen. Diese psychischen Ressourcen hängen stark von der persönlichen Lebensgeschichte der einzelnen Frau ab. Andere Ressourcen betreffen die soziale Ebene der einzelnen Frau. Die Befragung hat ergeben, daß ein gutes soziales Netz, aber auch einzelne verständnisvolle Personen eine große Unterstützung bedeuten, die aktuelle Situation zu bewältigen. Hinzu kommen Ressourcen auf der materiellen und auf der rechtlichen Ebene. Dabei muß besonders bedacht werden, daß mit der Trennung vom Mißhandler die Bedrohung und Angst vor Bedrohung nicht automatisch aufhört, sondern daß sie viel zu oft weiterbesteht und die umfassende Regeneration der Frauen, insbesondere die Überwindung der Mißhandlungsfolgen hemmt. Da auf Grund der strukturellen Benachteiligung aller Frauen die Ressourcen auf allen Ebenen nicht ausreichen, wie auch der Bedarf nach weitergehenden Hilfeleistungen aufweist, ergeben sich verschiedene Konsequenzen in der Arbeit mit betroffenen Frauen, sowohl im Einzelfall als auch auf gesamtgesellschaftlicher Ebene. Die Untersuchung hat zudem ergeben, daß hinter der Gewalt der Männer immer ihre frauenfeindliche Einstellung steht, die zu einem großen Teil von der gesamten Gesellschaft immer noch geduldet wird. Die Ergebnisse aus einer Wiener Untersuchung bestätigen diese Feststellung mit aller Deutlichkeit.

> „Keine Gewalthandlung unserer Untersuchung ist in einer gleichberechtigten und partnerschaftlichen Beziehung angewandt worden! Immer sind den Mißhandlungen geschlechtsspezifisch gewalthafte Strukturen in Beziehung und Beziehungserwartung vorausgegangen. Individuelle Gewalt-

handlungen treten nicht unvermittelt in gewaltlosem Rahmen auf" (Ringel,u.a. 1992. 200).

An dieser Stelle wird Handlungsbedarf in politischer und rechtlicher Hinsicht augenscheinlich, um die strukturelle Benachteiligung von Frauen aufzuheben und damit auch eine Bewußtseinsveränderung bezüglich der Frauen- und Männerrollen zu bewirken. Schlußfolgerungen für die Arbeit des Frauenhauses mit ehemaligen Bewohnerinnen möchte ich im Schlußkapitel ziehen.

8. Schlußfolgerungen

8.1. Folgerungen für die Arbeit des Frauenhauses

Die fast durchweg positive Resonanz der befragten ehemaligen Frauenhausbewohnerinnen auf ihre Erfahrungen mit dem Frauenhaus läßt annehmen, daß die Frauenhausmitarbeiterinnen mit ihrem Arbeitsansatz richtig liegen. Belastungen und Schwierigkeiten, die die Frauen ansprechen, treten auch in anderen sozialen Einrichtungen auf, wenn viele Menschen in Extremsituationen auf engem Raum zusammen leben müssen, und sind somit eher ein Problem der institutionellen Rahmenbedingungen. Das beständige Team der Frauenhausmitarbeiterinnen wirkt sich zudem sehr positiv aus und erleichtert vielen Frauen, trotz großer Hemmschwellen erneut Kontakt zum Frauenhaus aufzunehmen. Die ehemaligen Bewohnerinnen kennen die Mitarbeiterinnen und wissen, daß sie sich jederzeit wieder beim Frauenhaus melden können. Natürlich gelingt es den Mitarbeiterinnen nicht immer, diese Botschaft zu vermitteln, und manchmal wird sie von den Frauen auch nicht wahrgenommen.

Eindeutig zeigt sich allerdings auch, daß die Unterstützung ehemaliger Bewohnerinnen nach dem Frauenhausaufenthalt, insbesondere längere Zeit danach, nicht abgedeckt wird, weder vom Frauenhaus noch von anderen Institutionen. Die Ergebnisse bringen außerdem deutlich zum Ausdruck, daß einige Unterstützungsangebote ausschließlich oder mehrheitlich nur vom Frauenhaus gewünscht werden. Regelmäßige persönliche sowie rechtliche Beratungen und Gruppenangebote für ehemalige Frauenhausbewohnerinnen, worin der größte Bedarf besteht, können jedoch mit der momentanen Arbeitskapazität der Mitarbeiterinnen nicht einmal annähernd abgedeckt werden, sondern dazu müßte ein zusätzlicher Arbeitsplatz geschaffen werden. Daß dies vermutlich nicht an der Notwendigkeit für zusätzliche Angebote scheitern wird, sondern an den geringen Möglichkeiten für ein Finanzierungsmodell, ist vorhersehbar. Da aber, wie auch die Studie zeigt, die Chancen für Frauen in unserer Gesellschaft immer noch schlechter sind als für Männer, wäre die Einrichtung einer Stelle für nachgehende Beratung nach dem Gleichheitsgrundsatz von Mann und Frau, wie er im Grundgesetz verankert ist, zu begründen.

Wie besonders die Frauen, die zum Mann zurückkehren, unterstützt werden können, läßt sich mit der Untersuchung nicht eindeutig feststellen. Es ist jedoch anzunehmen, daß eine spezielle Anlaufstelle für ehemalige Frauenhausbewohnerinnen die Hemmschwelle zur Kontaktaufnahme vermindern könnte. Ob es ferner sinnvoll ist, daß das Frauenhaus vermehrt auf die Frauen zugeht, die wieder mit dem Mißhandler zusammen leben, müßte diskutiert werden, da doch einige Gesichtspunkte dagegen sprechen.

8.2. Folgerungen auf der gesellschaftspolitischen Ebene

Um wirklich effektiv gegen die Gewalt gegen Frauen vorgehen zu können, müssen die Voraussetzungen und Bedingungen für die Gewalt beseitigt werden. Das Frauenhaus kann in der Hauptsache Einzelfallhilfe für betroffene Frauen leisten und durch Öffentlichkeitsarbeit Impulse zur Bewußtseinsveränderung geben, Maßnahmen zur Prävention gegen Gewalt müssen allerdings von politischer und juristischer Seite aufgegriffen werden, indem die strukturelle Benachteiligung von Frauen beseitigt wird und damit die Voraussetzungen für wirklich gleichberechtigte Partnerschaften geschaffen werden. Frauen müssen dieselben Chancen auf dem Arbeitsmarkt erhalten wie Männer, Benachteiligungen der Frauen und Männer, die Kinder erziehen, muß durch mehr Teilzeitstellen und bessere Kinderbetreuungseinrichtungen entgegen gewirkt werden.

Schon in den Schulen und anderen pädagogischen Einrichtungen für Kinder und Jugendliche sollten Themen zur Entwicklung von Geschlechterrollen vermehrt aufgegriffen werden, damit schon Mädchen und Jungen im Umgang miteinander nicht mehr unreflektiert auf traditionelle Rollenklischees zurückgreifen müssen. Gewalttätiges Verhalten überhaupt, insbesondere aber gegenüber Frauen muß von der gesamten Gesellschaft verurteilt werden, insbesondere müssen öffentliche Institutionen den Gewalttätern ausdrücklicher zu verstehen geben, daß sie ihr Verhalten verurteilen. Gesetze und juristische Begleitmaßnahmen sollten darauf ausgerichtet sein, die Opfer besser zu schützen und die Gewalttäter stärker zur Verantwortung zu ziehen.

Literaturverzeichnis

Arbeitsgruppe Frauenrechte im Komitee für Grundrechte und Demokratie e.V.: Droht das Aus fürs Frauenhaus? Bestandsaufnahme zur Situation der autonomen Frauenhäuser. Rechtliche und finanzielle Forderungen. Sensbachtal 1983

Arbeitskreis Autonomer Frauenprojekte (Hrsgin.): 20 Jahre und (k)ein bißchen weiser? Bilanz und Perspektiven der Frauenprojektbewegung. Bonn 1992

Berliner Frauenhaus für mißhandelte Frauen: Frauen gegen Männergewalt. Erster Erfahrungsbericht. Berlin-West 1978

Bösel, Monika: Nach dem Frauenhaus - Mißhandelte Frauen berichten. Frankfurt 1989

Brandau, Heidrun/ Haep, Margreth/ Del Mestre, Annette/ Hagemann-White, Carol: Wege aus Mißhandlungsbeziehungen - Unterstützung für Frauen und ihre Kinder vor und nach dem Aufenthalt in einem Frauenhaus, 2. Aufl.. Pfaffenweiler 1991

Brückner, Margrit: Die janusköpfige Frau. Lebensstärken und Beziehungsschwächen. Frankfurt 1987

Brückner, Margrit: Die Liebe der Frauen. Über Weiblichkeit und Mißhandlung, 15.-16.Tausend. Aufl.. Frankfurt/Main 1991

Brückner, Margrit / Holler Simone: Frauenprojekte und soziale Arbeit. Eine empirische Studie. Frankfurt 1990

Bundesweites Treffen Autonomer Frauenhäuser 1993 Werbellin: Gegen Gewalt gegen Frauen - Feministische Grundlagen im Widerspruch zum Alltag

Burgard, Roswitha: Mut zur Wut. Befreiung aus Gewaltbeziehungen. Frankfurt 1994

Bundesministerium für Frauenangelegenheiten (Hrsg.): Test the West - Geschlechterdemokratie und Gewalt. Dokumentation zum Symposium. Wien 1993

Bundesministerium für Frauen und Jugend: Dokumentation der Untersuchung zum Thema „Abbau von Beziehungsgewalt als Konfliktlösungsmuster", Zwischenbericht. Bonn 1992

Bundesministerium für Jugend, Familie und Gesundheit: Hilfen für mißhandelte Frauen. Stuttgart 1981

Bundesministerium für Jugend, Familie und Gesundheit: Frauenhaus im ländlichen Raum. Stuttgart 1987

Bundesministerium für Jugend, Familie und Gesundheit: Verbesserung der Wohnsituation von mißhandelten Frauen und ihren Kindern nach dem Verlassen des Frauenhauses. Stuttgart 1987

Bundesweite Initiative zur Änderung des Paragraphen 19 Ausländergesetz (Hrsg.): Dokumentation 1993/94. Herne

Cordes, Mechthild: Die ungelöste Frauenfrage. Eine Einführung in die feministische Theorie. Frankfurt 1995

Frauenhaus Lörrach: Jahresberichte 1985-1995

Frauenhaus Lörrach: Konzeption 1991

Frauen helfen Frauen: 10 Jahre Frauen helfen Frauen - eine sicherlich unvollständige Chronik. 1990

Frevert, Ute: Frauengeschichte. Zwischen bürgerlicher Verbesserung und Neuer Weiblichkeit. Frankfurt 1986

Geissler-Frank, Isolde: Seminarunterlagen zu Recht und Familie WS 1995/96

Gerhard, Ute: Atempause - Die aktuelle Bedeutung der Frauenbewegung für eine zivile Gesellschaft. In: Aus Politik und Zeitgeschichte - Beilage zur Wochenzeitung 'Das Parlament'. B 21 - 22 / 96

Egger, Renate/ Fröschl, Elfriede/ Lercher, Lisa/ Logar, Rosa/ Sieder, Hermine: Gewalt gegen Frauen in der Familie. Wien 1995

Hanetseder, Christa: Frauenhaus: Sprungbrett zur Freiheit? Eine Analyse der Erwartungen und Erfahrungen von Benutzerinnen. Beitrag zur Evaluation eines feministischen Projekts. Bern 1992

Herman, Judith Lewis: Die Narben der Gewalt. Traumatische Erfahrungen verstehen und überwinden. München 1994

Krechel, Ursula: Selbsterfahrung und Fremdbestimmung. Bericht aus der Neuen Frauenbewegung. 3. Aufl., Darmstadt 1978

Kreps, Bonnie: Abschied vom Märchenprinzen. Eine Abrechnung mit der romantischen Liebe. Frankfurt a. M. 1994

Krieger, Wolfgang/ Gauweiler, Gaby/ Otterstätter-Schmidt, Sabine: Wohnort Frauenhaus - Übergangslösung oder Dauerbleibe? Eine Untersuchung über die spezifischen Probleme von Frauenhausbewohnerinnen bei der Wohnungssuche. Berlin 1994

Landesarchivdirektion Baden-Württemberg (Hrsg.): Der Landkreis Lörrach. Sigmaringen 1993

Lindner, Susanne: Tatort Ehe. Zur sexuellen Gewalt in Mann-Frau-Beziehungen. Wien 1992

Mayring, Phiipp: Qualitative Inhaltsanalyse. Weinheim 1990

Ringel, E./ Rosenmayr, L./ Löw, S./ Fröschl, E.: Ursachen und Folgen von Gewaltanwendung gegenüber Frauen und Kindern. Wien 1992

Senatsverwaltung für Arbeit und Frauen (Hrsg.): „Sag mir, wo die Männer sind...". Dokumentation der Berliner Präventionsdebatte zur Gewalt gegen Frauen am 9. und 10. September 1993. Berlin 1994

Sirowy, E.: Theoretische und praktische Ansätze der Frauen- und Frauenhausbewegung im Bereich Gewalt gegen Frauen. (Unveröff. Manuskript). Hamburg 1991 (zu beziehen über „Opferhilfe Hamburg e.V.")

Sommerhoff, Barbara: Frauenbewegung. Hamburg 1995

Steinert, Erika/ Straub, Ute: Interaktionsort Frauenhaus. Möglichkeiten und Grenzen eines feministischen Projektes, Heidelberg 1988

Terlinden, Ulla/ Dörhöfer, Kerstin/ Epple, Eva: Verbesserung der Wohnsituation von mißhandelten Frauen und ihren Kindern nach dem Verlassen des Frauenhauses. Schriftenreihe des Bundesministerium für Jugend, Familie und Gesundheit. Stuttgart 1987

Thürmer-Rohr, Christina/ Wildt, Carola u.a.: Mittäterschaft und Entdeckungslust. Berlin 1989.

Wetzel, P./ Pfeiffer, C.: Sexuelle Gewalt gegen Frauen im öffentlichen und privaten Raum Materialien zur Frauenpolitik 48/1995. Bonn BMFSFJ 1995

Fragebogen

1 Wie oft waren Sie im Frauenhaus?

1x ☐
2x ☐
3x ☐
mehr als 3x ☐

2 In welchem Jahr waren Sie das letzte Mal im Frauenhaus?

....

3 Wie lange waren Sie beim letzten Mal im Frauenhaus?

1 Nacht ☐
2 - 7 Nächte ☐
8 - 14 Nächte ☐
15 - 30 Nächte ☐
1 - 3 Monate ☐
4 - 6 Monate ☐
länger ☐

4 Sind Sie nach dem Frauenhaus ....?

zurück zum Partner in die gemeinsame Wohnung ☐
in die eigene Wohnung ☐
in die gemeinsame Wohnung, die d. Partner verlassen hat ☐
zu einer Freundin ☐
zu einem neuen Partner ☐
zu Verwandten ☐
sonstiges ☐

5 Fühlen Sie sich noch bedroht?

nie ☐
selten ☐
manchmal ☐
häufig ☐

Wenn ja, durch........?

den Ex-Partner ☐
den neuen Partner ☐
andere Personen ☐

6 Wenn Sie heute zurückblicken, hat Ihnen der Frauenhausaufenthalt genutzt?

nein, überhaupt nicht ☐
ja, wenig ☐
ja, sehr ☐

Wenn ja, inwiefern?

....

7 Wie dachten Sie über das Frauenhaus?
Vor dem Frauenhausaufenthalt

gut ☐
schlecht ☐

Nach dem Frauenhausaufenthalt

gut ☐
schlecht ☐

Würden Sie heute nochmals ins Frauenhaus gehen, wenn Sie es bräuchten?

ja ☐
nein ☐

8 Hatten Sie nach dem Frauenhausaufenthalt......?
(2 Antworten möglich!)

noch denselben Bekanntenkreis wie vorher ☐
einen neuen Bekanntenkreis ☐

Waren es .....?

weniger Freunde und Bekannte als vorher ☐
mehr Freunde und Bekannte als vorher ☐

9 Wer hat Sie nach dem Frauenhaus mit praktischer Hilfe unterstützt?
(Mehrere Antworten möglich!)

niemand ☐
Freundinnen ☐
Verwandte ☐
Frauenhausmitarbeiterinnen ☐
Frauenhausbewohnerinnen ☐
andere soziale Einrichtungen ☐

10 Hätten Sie mehr Unterstützung gebraucht?

nein ☐
ja, kurzfristig ☐
ja, längerfristig ☐

Wenn ja, welche........?

....

11	Haben oder hatten Sie nach dem Frauenhaus noch Kontakt zum Frauenhaus? (Beide Ja-Antworten möglich!)	ja, direkt nach dem Auszug ja, längere Zeit danach nein	☐ ☐ ☐

Waren diese Kontakte ....?

regelmäßig ☐
unregelmäßig ☐

Wie kam der Kontakt zustande?

Sie haben sich beim Frauenhaus gemeldet ☐
eine Mitarbeiterin hat sich bei Ihnen gemeldet ☐

12 Wenn Sie keinen Kontakt zum Frauenhaus hatten, war es weil....... (Mehrere Antworten möglich!)

Sie negative Erinnerungen an das Frauenhaus haben ☐
der Partner/Ehemann den Kontakt verbietet ☐
Sie überlastet waren/sind ☐
Sie nichts mehr mit dem Frauenhaus zu tun haben wollen ☐
es Ihnen peinlich ist, nochmals um Hilfe zu bitten ☐
sonstige Gründe ☐

Hätten Sie sich gewünscht, daß das Frauenhaus sich bei Ihnen meldet?

ja ☐
nein ☐

13 Welche Angebote durch das Frauenhaus würden Sie nach dem Frauenhausaufenthalt nutzen? (Mehrere Antworten möglich!)

Begleitung bei Ämter- und Behördengängen ☐
Rechtliche Hilfen ☐
Erziehungshilfen ☐
Regelmäßige persönliche Beratung ☐
Freizeitangebote ☐
Regelmäßige Gruppenangebote mit ehemaligen Frauenhausbewohnerinnen ☐

Welche dieser Angebote würden Sie auch von anderen sozialen Einrichtungen annehmen?

....

14 Sind Sie bereit zu einem persönlichem Gespräch über Ihre Situation nach dem Frauenhaus?

ja ☐ Name...................Tel....................
nein ☐

Hier noch ein paar Angaben zu Ihrer Person:
15 Wie alt sind Sie ?

.................Jahre

16 Sind Sie........?

ledig ☐
geschieden ☐
verheiratet ☐
getrennt lebend ☐

17 Welche Staatsangehörigkeit haben Sie?

....

18 Welchen Schulabschluß haben Sie?

Hauptschule ☐
Realschule ☐
Gymnasium ☐
keinen ☐

19 Haben Sie eine abgeschlossene Berufsausbildung?

ja ☐
nein ☐

20 Wie viele Kinder haben Sie?

.... Die Kinder sind zwischen........und.......Jahre alt.

21 Wie leben Sie im Augenblick?

allein ☐
mit dem ehemaligen Partner ☐
mit neuem Partner ☐
in Wohngemeinschaft ☐
sonstiges ☐

22 Beziehen Sie Einkünfte aus.......? (Mehrere Antworten möglich!)

Unterhalt des Ehemanns ☐
Sozialhilfe ☐
Unterhalt des neuen Partners ☐
eigener Erwerbstätigkeit ☐
Unterhalt des geschiedenen/getrennten Ehemanns ☐
Unterhalt von anderen Verwandten ☐
sonstiges ☐

Vielen Dank für Ihre Mitarbeit! Sie helfen dem Frauenhaus und den Frauen im Frauenhaus.

Zeitfracht Medien GmbH
Ferdinand-Jühlke-Straße 7
99095 Erfurt, Deutschland
produktsicherheit@kolibri360.de